一輪の花で幸せになる！

花言葉
*Hanakotoba * Hanakazari*
花飾り

池田書店

はじめに……6
本書の使い方……6

Part 1
花屋さんで買える人気の花の花言葉&花飾り

ア
- アイリス……8
- アザミ……9
- アジサイ……10
- アスター……12
- アネモネ……14
- アマリリス……16
- アルストロメリア……17
- アンスリウム……18
- ウメ……20
- オンシディウム……21

カ
- カーネーション……22
- ガーベラ……24
- カスミソウ……26
- カラー……28
- カンパニュラ……30
- キク……32
- グラジオラス……34
- クリスマスローズ……36
- クレマチス……37
- グロリオサ……38
- ケイトウ……40
- コスモス……42
- コデマリ……44

サ
- サクラ……46
- サンダーソニア……48
- ジニア……50
- シネラリア……51
- シャクヤク……52
- スイートピー……54
- スイセン……56
- スカビオーサ……58
- スグリ……60
- スズラン……61

Contents

- スターチス……62
- ストック……63
- ストレリチア……64
- スナップドラゴン……65
- スノーフレーク……66
- センニチコウ……67

タ
- ダリア……68
- チューリップ……70

- ツバキ……72
- デンファレ……74

ナ
- ナデシコ……76
- ナノハナ……78
- ニゲラ……79
- ネリネ……80

ハ
- バイモ……81
- バラ……82
- パンジー……84
- ヒマワリ……85
- ヒヤシンス……86
- フリージア……87
- ベニバナ……88
- ポピー……90

マ
- マーガレット……92
- マリーゴールド……94

- ミモザアカシア……96
- ムスカリ……98

ヤ
- モモ……99
- ヤグルマギク……100
- ユキヤナギ……101
- ユリ……102

ラ
- ラークスパー……104
- ライラック……105
- ラナンキュラス……106
- リンドウ……108
- レンギョウ……110

ワ
- ワスレナグサ……111
- ワレモコウ……112

コラム
アレンジに使えるグリーン……114

Part 2 道ばたや庭に咲く花の花言葉

ア
- アカツメクサ……116
- アカンサス……116
- アキノキリンソウ……116
- アゲラタム……117
- アサガオ……117
- アスクレピアス……117
- アヤメ……118
- アルメリア……118
- イベリス……118
- ウスベニアオイ……119
- ウスベニタチアオイ……119
- エリカ……119
- オシロイバナ……120
- オミナエシ……120
- オルニトガルム……120

カ
- カトレア……121
- カモミール……121
- ジギタリス……121
- カンナ……121
- キキョウ……122
- ギボウシ……122
- キョウチクトウ……122
- キンセンカ……123
- キンモクセイ……123
- クチナシ……123
- クロッカス……124
- クロユリ……124
- コチョウラン……124
- コブシ……125
- サザンカ……125
- サフラン……125
- サルスベリ……126
- サルビア……126

サ
- サワギキョウ……126
- シオン……127
- ツルニチニチソウ……127
- ジギタリス……127
- シクラメン……127
- ジャスミン……128
- シロツメクサ……128
- ジンチョウゲ……128
- シンビジウム……129
- スイセンノウ……129
- スイレン……129
- ススキ……130
- スノードロップ……130
- スミレ……130
- セイヨウオダマキ……131
- ゼラニウム……131

タ
- タマスダレ……131
- タンポポ……132
- ツツジ……132
- ツクシ……132
- ツキミソウ(欄外)

ナ
- ナナカマド……134
- ナンテン……134
- ニチニチソウ……135
- ノウゼンカズラ……135
- ノコギリソウ……136

ハ
- バーベナ……136
- バイカウツギ……136
- ハイビスカス……137
- ハナカイドウ……137
- ハナシノブ……137
- ハナビシソウ……138

(欄外: ツクシ……132, ツルニチニチソウ……132, ツワブキ……133, デージー……133, トケイソウ……134, トリカブト……134)

- ハナミズキ……138
- ハマナス……138
- ハマユウ……139
- ハルシャギク……139
- ヒソップ……139
- ブーゲンビリア……140
- フクシア……140
- フクジュソウ……140
- フジ……141
- フジバカマ……141
- ブバルディア……141
- フヨウ……142
- フリティラリア……142
- フロックス……142
- ベゴニア……143
- ペチュニア……143
- ヘリオトロープ……143
- ヘリクリスム……144
- ヘレニウム……144
- ベロニカ……144
- ポインセチア……145
- ホウセンカ……145
- ホオズキ……145
- ボケ……146
- ボタン……146
- ホトトギス……146

マ
- マツバギク……147
- マツバボタン……147
- マツヨイグサ……147
- マンジュシャゲ……148
- ミヤコワスレ……148
- ムシトリナデシコ……148
- ムラサキシキブ……149
- モウズイカ……149
- モクレン……149

ヤ
- ヤマブキ……150

- ユキノシタ……150
- ラベンダー……150
- リンゴ……151
- ルピナス……151
- レンゲソウ……151

コラム アレンジの基本……152

Part 3 かんたんアレンジで運気を上昇させる花風水

- 花風水って何?……154
- 方位と色の関係……156
- 色に注目して運気を上昇！目的別花風水……157
- 花名索引……168
- 花言葉索引……172

はじめに

ヨーロッパをはじめ、世界中で楽しまれている花言葉。そんな花の特徴を巧みにとらえた花言葉の由来や、ちょっとした花のプロフィールを知るだけで、花を目にするのがより楽しみになるはずです。本書では、花屋さんで手に入れられる花を使った、かんたんなアレンジも紹介しています。アレンジに花言葉の意味をもたせて、家や贈物で楽しむ際の手助けになれば幸いです。

本書の使い方

この花の花言葉です。

花の一般的な名を
カタカナで五十音順に
紹介しています。

上の写真のアレンジの
プロセスです。

この花の花名や花言葉の
由来を紹介しています。

この花のデータを紹介しています。

Part2
道ばたや
庭に咲く花の
花言葉

Part1
花屋さんで買える
人気の花の
花言葉&花飾り

◆科・属名⇒花の分類です。
◆英名⇒英語での呼び名です。
◆和名⇒日本での呼び名です。
◆出まわり期⇒花屋での主な出まわり期です。
◆カラー⇒花の主なカラーです。
◆日もち⇒切花での日もちの目安です。

アレンジメント制作
岡本恵美子

「aju」http://fs-aju.jp/
ブーケをはじめとしたブライダル全般、イベント装飾といったアレンジメントを受け付けている。また、お祝いのフラワーギフトなどHPのオンラインショップからも注文が可能。フラワースクールでは、毎日の暮らしの花やギフトフラワーなどのアレンジレッスンを開催。花について幅広く学べる。

植物監修
高橋秀男

撮影
小塚恭子（Y.K studio）

イラスト
チユキクレア
花島ゆき
加藤マカロン

デザイン
周 玉慧

DTP
有限会社天龍社

原稿作成
石森康子
ヴィヴィ安奈（ウサギリス）

企画・編集・制作
株式会社童夢

花言葉・花飾り

編　者	フルール・フルール
発行者	池田　豊
印刷所	大日本印刷株式会社
製本所	大日本印刷株式会社
発行所	株式会社池田書店
	〒162-0851
	東京都新宿区弁天町43番地
	電話　03-3267-6821（代）
	振替　00120-9-60072

落丁・乱丁はおとりかえいたします。
©K.K. Ikeda Shoten 2010, Printed in Japan
ISBN978-4-262-14536-5

本書のコピー、スキャン、デジタル化等の無断複製は著作権法上での例外を除き禁じられています。本書を代行業者等の第三者に依頼してスキャンやデジタル化することは、たとえ個人や家庭内での利用でも著作権法違反です。

1101207

- キク(白)「真実」……………… 32
- ギボウシ「冷静」「献身」……… 122
- グラジオラス「挑発」「密会」…… 34
- サルスベリ「雄弁」「饒舌(じょうぜつ)」…… 126
- スターチス「途絶えない記憶」… 62
- ツワブキ「謙遜(けんそん)」「先見の明」… 133
- ハナミズキ「永続性」…………… 138
- バラ(白)「少女時代」…………… 82
- パンジー「考え」「思い」………… 84
- ヒヤシンス「スポーツ」「ゲーム」… 86
- フジ「優しさ」「歓迎」…………… 141
- フジバカマ「遅れ」「延期」……… 141
- ボケ「平凡」……………………… 146
- ボタン「王者の風格」…………… 146
- ポピー(白)「眠り」……………… 90
- マツバギク「暇」「無為」………… 147
- ムシトリナデシコ「誘惑」……… 148
- モモ「長命」「女性のやわらかさ」… 99
- リンゴ「好み」「優先」…………… 151
- ルピナス「想像力」「貪欲」……… 151

- セイヨウオダマキ「愚(おろ)か」…… 131
- ツツジ「節度」「慎み」…………… 132
- デンファレ「わがままな美女」… 74
- トケイソウ「狂信」……………… 134
- ニゲラ「困惑」「当惑」…………… 79
- バイモ「追放」…………………… 81
- ハマナス「魅力は美しさのみ」… 138
- ベゴニア「用心」「真心」………… 143
- ホウセンカ「私に触れないで」… 145
- ホオズキ「欺瞞(ぎまん)」……………… 145
- マツヨイグサ「気まぐれ」「移り気」
　……………………………… 147
- ラベンダー「不信感」「疑惑」…… 150

その他の花言葉

- アカンサス「美術」「術策」「技巧」
　……………………………… 116
- アスター「多種多様」「追想」…… 12
- ウスベニタチアオイ「善行」「恩恵」
　……………………………… 119

【参考文献】
『園芸植物大辞典1〜6』塚本洋太郎総監修／小学館
『世界の花と木』ロブ・ヘルヴィッヒ著／塚本洋太郎総監修／主婦の友社
『日本花名鑑1 2001〜2002』安藤敏夫、小笠原亮監修、森弦一編／アボック社
『日本花名鑑2、3』安藤敏夫、小笠原亮監修／日本花名鑑刊行会
『日本花名鑑4』安藤敏夫、小笠原亮、長岡求監修／日本花名鑑刊行会
『花言葉花贈り 神話と伝説・四季の彩りを花束に託して』濱田豊監修／池田書店
『すべての園芸家のための花と植物百科』英国王立園芸協会監修／角川書店
『園芸植物図鑑』浅山英一著／平凡社
『花屋さんの花図鑑「育てる花」』杉井明美監修／草土出版
『草土花図鑑シリーズ1 花図鑑 切花』草土出版
『草土花図鑑シリーズ2 花図鑑 鉢花』草土出版
『草土花図鑑シリーズ8 花図鑑 球根・宿根草』草土出版
『花の事典 和花 日本の花・伝統の花』講談社
『花の事典 洋花&グリーン 新しい花・観葉植物』講談社
『Language of Flowers』Kate Greenaway ／ DOVER PUBLICATIONS,INC
『花風水』李家幽竹著／ワニブックス
『幸運をまねく ガーデニング風水』李家幽竹著／河出書房新社
『飾るだけで幸運を呼びこむ フラワー風水』岡安美智代著／金寄靖水監修／河出書房新社
『ラッキー花風水』卯月夢乃著／山と渓谷社

スイートピー「束の間の喜び」「わずかな楽しみ」……54
スグリ「あなたの不機嫌が私を苦しめる」……60
ゼラニウム「憂鬱(ゆううつ)」……131
トリカブト「厭世的(えんせいてき)」……134
ネリネ「またの機会に」……80
ノコギリソウ「心の傷」「戦い」……136
バーベナ(白)「祈って」……136
バイカウツギ「回想」「追憶」……136
ハマユウ「どこか遠くへ」……139
ヒヤシンス(紫)「悲しみ」……86
ヘレニウム「涙(なぐさ)」……144
ポピー(赤)「慰(なぐさ)め」……90
マンジュシャゲ「悲しき思い出」……148
ミヤコワスレ「短い別れ」……148
ムスカリ「失望」「悲嘆」……98
リンドウ「苦悩」「悲嘆にくれるあなた」……108
レンゲソウ「悲しみをやわらげる」……151
ワレモコウ「物思いにふける」「移ろい」……112

注意、警告の花言葉

アキノキリンソウ「用心」「警戒」……116
アサガオ「気取り」「てらい」……117
アジサイ「冷酷」「無情」……10
アスクレピアス「解放してください」……117
イベリス「無頓着(むとんちゃく)」「無関心」……118
キョウチクトウ「警戒」「用心」……122
クロユリ「呪い」……124
ケイトウ「風変わり」「気取り」……40
サフラン「調子にのらないで」……125
サワギキョウ「敵意」……126
ジギタリス「不真面目」……127
ジンチョウゲ「飾り立てる」……128
スイセン「うぬぼれ」……56
スナップドラゴン「推定」「うぬぼれ」……65

ヘリオトロープ「崇拝」「忠実」……143
ベロニカ「忠誠心」「忠実」……144
ボタン「恥じらい」「人見知り」……146
マリーゴールド「羨望(せんぼう)」「嫉妬心(しっとしん)」……94

幸福、希望、期待の花言葉

アヤメ「よい便り」……118
アルメリア「思いやり」「共感」……118
ガーベラ「感嘆」……24
カモミール「逆境で生まれる力」……121
カンパニュラ「感謝」「謝辞」……30
キク「逆境にいても快活」……32
クチナシ「この上なく幸福」……123
クロッカス「青春の喜び」……124
スズラン「再び幸せが訪れる」……61
ストレリチア「強運」「情熱」……64
スノードロップ「希望」「慰(なぐさ)め」……130
タマスダレ「期待」「予想」……131
デージー「無垢(むく)」「共感します」……133
ニチニチソウ「楽しい思い出」……135
ハナビシソウ「富」「成功」……138
フクジュソウ「幸福」……140
ヘリクリサム「いつまでも続く喜び」……144
ポインセチア「幸運を祈る」……145
レンギョウ「予測」「期待」……110

別れ、苦しみ、追憶の花言葉

アネモネ「見捨てられた」「見放された」……14
エリカ「孤独」「寂しさ」……119
キンセンカ「悲しみ」「寂しさ」……123
クリスマスローズ「不安をやわらげて」「安心させて」……36
サンダーソニア「祈り」「祖国への思い」……48
シオン「追憶」「信頼します」……127
ジニア「遠く離れた友を思う」……50
シロツメクサ「私を思い出して」……128

ノウゼンカズラ「名声」「評判のよい」
　……………………………… 135
ハイビスカス「優美」 …………… 137
ハナカイドウ「温和な人柄」 …… 137
バラ(真紅)「無垢で愛らしい」 … 82
ヒソップ「清潔」「きれい好き」 … 139
ヒヤシンス(白)「控えめな愛らしさ」
　…………………………………… 86
ブーゲンビリア「情熱」「熱狂」 … 140
フクシア「見識」「たしなみ」 …… 140
フヨウ「繊細な美」 ……………… 142
フリージア「優雅」「天真爛漫」 … 87
ベニバナ「寛大」「雅量に富む」 … 88
ホトトギス「永遠の若さ」 ……… 146
マツバボタン「無邪気」 ………… 147
ムラサキシキブ「聡明」「賢さ」 … 149
モウズイカ「気立てがよい」 …… 149
モクレン「自然を愛する」 ……… 149
ヤグルマギク「優美」「上品」「華奢」
　………………………………… 100
ヤマブキ「気品」「高尚」 ………… 150
ユリ「純粋さ」「愛らしさ」 ……… 102
ラークスパー「陽気」「快活」 …… 104
ライラック「謙虚」 ……………… 105
ラナンキュラス「とても魅力的」 … 106

その他の人間関係の花言葉

コスモス「謙虚」「調和」 ………… 42
サルビア「尊敬」「尊重」 ……… 126
シクラメン「遠慮」「気後れ」 … 127
シャクヤク「謙遜」「恥じらい」 … 52
バーベナ(赤)「団結」 …………… 136
バーベナ(ピンク)「家族の調和」
　………………………………… 136
ハナシノブ「来てください」 …… 137
ヒマワリ「憧れ」「崇拝」 ………… 85
ブバルディア「交流」「親交」 … 141
フリティラリア「威厳」「権力」 … 142
フロックス「全員一致」 ………… 142
ペチュニア「心を静めてくれる」 … 143

アザミ「厳格」「簡素」「権威」 …… 9
アマリリス「自尊心」「内気」「輝くばかりの美しさ」
　…………………………………… 16
ウスベニアオイ「魅力的」「穏やか」
　………………………………… 119
ウメ「不屈の精神」「高潔」 ……… 20
オシロイバナ「遠慮」「恥じらい」 … 120
オミナエシ「優しさ」「忍耐」 … 120
オルニトガルム「純粋」「清らかさ」
　………………………………… 120
オンシジウム「気立てのよさ」 … 21
カトレア「魔力」「魅惑的」 …… 121
カラー「華麗なる美」 …………… 28
カンナ「快活」「上機嫌」 ……… 121
キンモクセイ「謙虚」「慎み深さ」 … 123
クレマチス「清廉な心」「精神の美」
　…………………………………… 37
グロリオサ「勇敢」「栄光」 ……… 38
コデマリ「優雅」「上品」 ………… 44
コブシ「愛らしさ」 ……………… 125
サクラ「精神美」「純正」 ………… 46
サザンカ(赤)「あなたがもっとも美しい」
　………………………………… 125
シネラリア「陽気」「いつも快活」 … 51
ジャスミン「愛想のよい」 …… 128
スイレン「純粋な心」 …………… 129
ススキ「活気」「元気」 …………… 130
スズラン「謙虚」「くもりのない純粋さ」
　…………………………………… 61
スノーフレーク「純真な心」「清らか」
　…………………………………… 66
スミレ「忠実」「貞節」「謙虚」 … 130
ダリア「移ろい」「気品」 ………… 68
チューリップ「思いやり」 ……… 70
チューリップ(黄)「名声」 ……… 70
ツバキ(赤)「控えめな素晴らしさ」 … 72
ツバキ(白)「完全なる美しさ」 … 72
デージー「無垢」「共感します」 … 133
ナデシコ「大胆」 ………………… 76
ナナカマド「賢明」「怠りない心」 … 134
ナノハナ「快活」「明るさ」 ……… 78

キキョウ「愛着」「深い愛情」…… 122
キク(赤)「愛しています」………… 32
クロユリ「恋」…………………… 124
コスモス「乙女の恋」「純心」…… 42
コチョウラン「純粋な愛」「豊穣(ほうじょう)」
…………………………………… 124
サザンカ(白)「あなたは私の愛を退ける」
…………………………………… 125
サザンカ(ピンク)「永遠の愛」…… 125
シンビジウム「好意的な気持ち」… 129
スイセンノウ「私の愛は不変」…… 129
スカビオーサ「叶わぬ恋」………… 58
ストック「不変の美」「愛の絆」… 63
センニチコウ「不朽(ふきゅう)」「色あせぬ愛」
…………………………………… 67
タンポポ「愛の託宣」「素朴な神託」
…………………………………… 132
チューリップ(赤)「愛の告白」…… 70
チューリップ(白)「失われた愛」… 70
ツユクサ「敬われぬ愛」………… 132
ツルニチニチソウ「愛おしい記憶」
…………………………………… 133
ナンテン「私の愛はさらに深まる」 135
バラ「愛」………………………… 82
バラ(黄)「嫉妬(しっと)深い」…………… 82
ハルシャギク「一目ぼれ」……… 139
ヒヤシンス(青)「変わらぬ愛」…… 86
ヒヤシンス(赤)「嫉妬(しっと)」…………… 86
マーガレット「信頼」「真実の愛」… 92
ミモザアカシア「秘められた愛」「友情」
…………………………………… 96
モモ「私はあなたの虜です」……… 99
ユキノシタ「愛情」……………… 150
ユキヤナギ「愛情」「自立」……… 101
ワスレナグサ「真実の愛」「私を忘れないで」
…………………………………… 111

人の魅力を伝える花言葉

アカツメクサ「勤勉」…………… 116
アゲラタム「信頼」「安心感」…… 117

リ

リンゴ(林檎) 和 ……………… 151
リンドウ(竜胆) 和 ……………… 108

ル

ルピナス…………………………… 151

レ

レンギョウ(連翹) 和 …………… 110
レンゲソウ………………………… 151

ワ

ワスレナグサ(勿忘草、忘れな草) 和
…………………………………… 111
ワレモコウ(吾亦紅、吾木香)…… 112

花言葉索引

花言葉のテーマ別に、並べています。
花を贈るときや、飾るときの参考にしてください。

愛に関係のある花言葉

アイリス「燃える思い」…………… 8
アルストレメリア「献身」「愛着」… 17
アンスリウム「戯れの恋」「情熱」… 18
カーネーション「無垢(むく)で深い愛」… 22
カーネーション(赤)「母の愛」…… 22
カーネーション(白)「純粋な愛」… 22
カーネーション(ピンク)「女性の愛」
…………………………………… 22
カスミソウ「無垢(むく)の愛」「幸福」…… 26

ミ

- ミモザアカシア …………………… 96
- ミヤコワスレ(都忘れ)和 ………… 148

ム

- ムギワラギク(麦藁菊)和 ………… 144
- ムシトリナデシコ(虫取り撫子)和
  ……………………………………… 148
- ムスカリ和 ………………………… 98
- ムラサキシキブ(紫式部)和 ……… 149
- ムラサキツメクサ(紫詰草)和 …… 116
- ムラサキハシドイ(紫丁香花)和 … 105
- ムレスズメラン(群雀蘭)和 ……… 21

モ

- モウズイカ(毛蕊花)和 …………… 149
- モクシュンギク(木春菊)和 ……… 92
- モクレン(木蓮)和 ………………… 149
- モモ(桃)和 ………………………… 99

ヤ

- ヤグルマギク(矢車菊)和 ………… 100
- ヤナギトウワタ(柳唐綿)和 ……… 117
- ヤナギハッカ(柳薄荷)和 ………… 139
- ヤマブキ(山吹)和 ………………… 150

ユ

- ユキノシタ(雪ノ下)和 …………… 150
- ユキヤナギ(雪柳)和 ……………… 101
- ユリ(百合)和 ……………………… 102

ヨ

- ヨウラクユリ(瓔珞百合)和 ……… 142

ラ

- ラークスパー ……………………… 104
- ライラック ………………………… 105
- ラナンキュラス和 ………………… 106
- ラベンダー和 ……………………… 150

フ

- ブーゲンビリア …………………… 140
- フウリンソウ(風鈴草)和 ………… 30
- フクシア和 ………………………… 140
- フクジュソウ(福寿草)和 ………… 140
- フサアカシア(房アカシア)和 …… 96
- フジ(藤)和 ………………………… 141
- フジバカマ(藤袴)和 ……………… 141
- ブッソウゲ(仏桑華・仏桑花)和 … 137
- ブバルディア ……………………… 141
- フヨウ(芙蓉)和 …………………… 142
- フリージア ………………………… 87
- フリティラリア …………………… 142
- フロックス ………………………… 142

ヘ

- ベゴニア …………………………… 143
- ペチュニア ………………………… 143
- ベニバナ(紅花)和 ………………… 88
- ヘリオトロープ和 ………………… 143
- ヘリクリスム ……………………… 144
- ヘレニウム ………………………… 144
- ベロニカ和 ………………………… 144

ホ

- ポインセチア ……………………… 145
- ホウセンカ(鳳仙花)和 …………… 145
- ホオズキ(鬼灯、酸漿)和 ………… 145
- ボケ(木瓜)和 ……………………… 146
- ボタン(牡丹)和 …………………… 146
- ホトトギス(杜鵑草)和 …………… 146
- ポピー ……………………………… 90

マ

- マーガレット ……………………… 92
- マガリバナ(曲がり花、屈曲花)和 … 118
- マツバギク(松葉菊)和 …………… 147
- マツバボタン(松葉牡丹)和 ……… 147
- マツヨイグサ(待宵草)和 ………… 147
- マリーゴールド …………………… 94
- マンジュシャゲ …………………… 148

ネ
- ネリネ 和 …………………………… 80

ノ
- ノウゼンカズラ(凌霄花) 和 ……… 135
- ノコギリソウ(鋸草) 和 …………… 136

ハ
- ハアザミ(葉薊) 和 ………………… 116
- バーベナ ………………………… 136
- バイカウツギ …………………… 136
- ハイビスカス …………………… 137
- バイモ(貝母) 和 …………………… 81
- ハウチワマメ(羽団夫豆) 和 …… 151
- ハナアザミ(花薊) 和 ……………… 9
- ハナカイドウ(花海棠) 和 ……… 137
- ハナサフラン(花泪夫藍) 和 …… 124
- ハナシノブ(花忍) 和 …………… 137
- ハナトリカブト(花鳥兜) 和 …… 134
- ハナハマザシ(花浜匙) 和 ……… 62
- ハナビシソウ(花菱草) 和 ……… 138
- ハナミズキ(花水木) 和 ………… 138
- ハマカンザシ(浜簪) 和 ………… 118
- ハマナス(浜梨) 和 ……………… 138
- ハマユウ(浜木綿) 和 …………… 139
- バラ(薔薇) 和 …………………… 82
- ハルシャギク(波斬菊) 和 ……… 139
- パンジー ………………………… 84

ヒ
- ヒエンソウ(飛燕草) 和 ………… 104
- ヒガンバナ(彼岸花) 和 ………… 148
- ヒゴロモソウ(緋衣草) 和 ……… 126
- ビジョザクラ(美女桜) 和 ……… 136
- ヒソップ ………………………… 139
- ヒナギク(雛菊) 和 ……………… 133
- ヒマワリ(向日葵) 和 …………… 85
- ヒャクニチソウ(百日草) 和 …… 50
- ヒヤシンス(風信子) 和 ………… 86

タ
- タマスダレ(玉簾、球簾) 和 …… 131
- ダリア …………………………… 68
- ダンゴギク(団子菊) 和 ………… 144
- タンポポ(蒲公英) 和 …………… 132

チ
- チューリップ …………………… 70

ツ
- ツクバネアサガオ(衝羽根朝顔) 和 …………………………… 143
- ツツジ(躑躅) 和 ………………… 132
- ツバキ(椿) 和 …………………… 72
- ツユクサ(露草) 和 ……………… 132
- ツルニチニチソウ(蔓日々草) 和 … 133
- ツワブキ(石蕗) 和 ……………… 133

テ
- デージー ………………………… 133
- テッセン(鉄線) 和 ……………… 37
- テンジクアオイ(天竺葵) 和 …… 131
- テンジクボタン(天竺牡丹) 和 … 68
- デンファレ 和 …………………… 74

ト
- トウショウブ(唐菖蒲) 和 ……… 34
- トケイソウ(時計草) 和 ………… 134
- トリカブト ……………………… 134

ナ
- ナデシコ ………………………… 76
- ナナカマド(七竈) 和 …………… 134
- ナノハナ(菜の花) 和 …………… 78
- ナンテン(南天、難転) 和 ……… 135

ニ
- ニゲラ …………………………… 79
- ニチニチソウ(日日草) 和 ……… 135
- ニホンスイセン(日本水仙) 和 … 56

ジギタリス	127		96
シクラメン	127	**ク**	
ジニア	50	クサキョウチクトウ(草夾竹桃)	
シネラリア(和)	51		142
シャクヤク(芍薬)(和)	52	クジャクソウ(孔雀草)(和)	94
ジャスミン(和)	128	クチナシ(山梔子)(和)	123
ジャノメエリカ(蛇の目エリカ)(和)	119	グラジオラス	34
シュッコンカスミソウ(宿根霞草)		クリスマスローズ(和)	36
	26	クレマチス	37
ショウジョウボク(猩々木)(和)	145	クロタネソウ(黒種草)(和)	79
シロツメクサ(白詰草)(和)	128	クロッカス	124
ジンチョウゲ(沈丁花)(和)	128	クロユリ(黒百合)(和)	124
シンビジウム(和)	129	グロリオサ	38
ス		**ケ**	
スイートピー(和)	54	ケイトウ(鶏頭)(和)	40
スイセン	56	ケシ(芥子)(和)	90
スイセンノウ(酔仙翁)(和)	129	ゲンゲ(紫雲英、翹揺)(和)	151
スイレン(睡蓮)(和)	129	**コ**	
スカビオーサ	58	ゴクラクチョウカ(極楽鳥花)	64
スグリ(酸塊)(和)	60	コスモス	42
ススキ(薄、芒)(和)	130	コチョウラン(胡蝶蘭)(和)	124
スズラン(鈴蘭)(和)	61	コデマリ(小手毬)(和)	44
スズランスイセン(鈴蘭水仙)	66	コブシ(辛夷)(和)	125
スターチス	62	**サ**	
ストック	63	サクラ(桜)(和)	46
ストレリチア	64	サザンカ(山茶花)(和)	125
スナップドラゴン	65	サフラン(泪夫藍)(和)	125
スノードロップ	130	サルスベリ(猿滑)(和)	126
スノーフレーク	66	サルビア	126
スミレ(菫)(和)	130	サワギキョウ(沢桔梗)(和)	126
セ		サンシキスミレ(三色菫)(和)	84
セイヨウオダマキ(西洋苧環)(和)		サンダーソニア(和)	48
	131	**シ**	
セイヨウバイカウツギ(西洋梅花空木)(和)		シオン(紫苑)(和)	127
	136	シキザキベゴニア	
セイヨウマツムシソウ(西洋松虫草)(和)		(四季咲きベゴニア)(和)	143
	58		
ゼラニウム	131		
センニチコウ(千日紅)(和)	67		

花名索引

花名を五十音順に並べています。
和名には㊥印がついています。

ア

- アイリス㊥ ……………………… 8
- アカツメクサ(赤詰草)㊥ ……… 116
- アカンサス ……………………… 116
- アキザクラ(秋桜)㊥ …………… 42
- アキノキリンソウ(秋の麒麟草)㊥
  ……………………………… 116
- アゲラタム ……………………… 117
- アサガオ(朝顔)㊥ ……………… 117
- アサギスイセン(浅黄水仙)㊥ …… 87
- アザミ …………………………… 9
- アジサイ(紫陽花)㊥ …………… 10
- アスクレピアス ………………… 117
- アスター ………………………… 12
- アネモネ㊥ ……………………… 14
- アマリリス㊥ …………………… 16
- アヤメ(菖蒲、文目)㊥ ………… 118
- アラセイトウ(紫羅欄花)㊥ …… 63
- アルストロメリア㊥ …………… 17
- アルメリア ……………………… 118
- アンスリウム …………………… 18

イ

- イエギク(家菊)㊥ ……………… 32
- イカダカズラ(筏葛)㊥ ………… 140
- イベリス ………………………… 118

ウ

- ウスベニアオイ(薄紅葵)㊥ …… 119
- ウスベニタチアオイ(薄紅立葵)㊥
  ……………………………… 119
- ウッコンコウ(鬱金香)㊥ ……… 70
- ウメ(梅)㊥ ……………………… 20

エ

- エゾギク(蝦夷菊)㊥ …………… 12
- エリカ …………………………… 119

オ

- オオカッコウアザミ(大霍香薊)㊥
  ……………………………… 117
- オオベニウチワ(大紅団扇)㊥ …… 18
- オオマツユキソウ(大待雪草)㊥ …130
- オシロイバナ(白粉花)㊥ ……… 120
- オミナエシ(女郎花)㊥ ………… 120
- オランダカイウ(和蘭海芋)㊥ …… 28
- オランダセキチク(和蘭石竹)㊥ … 22
- オルニトガルム㊥ ……………… 120
- オンシディウム ………………… 21

カ

- カーネーション ………………… 22
- ガーベラ㊥ ……………………… 24
- カガリビバナ(篝火花)㊥ ……… 127
- カザグルマ(風車)㊥ …………… 37
- カスミソウ(霞草)㊥ …………… 26
- カトレア ………………………… 121
- カモマイル㊥ …………………… 121
- カモミール ……………………… 121
- カラー …………………………… 28
- カワラナデシコ(河原撫子)㊥ …… 76
- カンナ …………………………… 121
- カンパニュラ …………………… 30

キ

- キキョウ(桔梗)㊥ ……………… 122
- キク ……………………………… 32
- キツネノテブクロ(狐の手袋)㊥ … 127
- キツネユリ(狐百合)㊥ ………… 38
- ギボウシ(擬宝珠)㊥ …………… 122
- キョウチクトウ ………………… 122
- キンギョソウ(金魚草)㊥ ……… 65
- キンセンカ(金盞花)㊥ ………… 123
- キンモクセイ(金木犀)㊥ ……… 123
- ギンヨウアカシア(銀葉アカシア)

168

疲れを取りたい

疲れがなかなか取れない、ストレスを解消したいという場合には、青、緑系の花を寝室に飾るとよいでしょう。寝る前に、花を見てリラックスする時間を作ると安眠の効果も得られます。花は、なるべく香りが強すぎないものを選びましょう。

> 健康運

前向きになりたい

ネガティブな気持ちに陥ってしまったときには、南にオレンジや黄の花を飾りましょう。できるだけ、自分がよく目にする場所に飾るとより効果的です。花はなるべく香りの強いものを選びましょう。

健康を維持したい

いつも健康でありたい、疲れを引きずりたくないというときには、南西に緑系の花を飾りましょう。花はなるべく枯れさせないようにすることがポイント。常に新鮮な花を飾るようにしましょう。

対人運

苦手な人とうまくやりたい

仕事や学校の行事などで、どうしても苦手な人と一緒に行動しなければならないこともあるでしょう。そんなときは、東南に緑や青の花を飾ってみましょう。あなたの苦手意識も薄れ、不思議とぶつかり合うことが少なくなるはずです。

コミュニケーション力を高めたい

コミュニケーション能力を高めれば、人間関係がよりスムースになります。南の方角にオレンジや黄の花を飾ってみましょう。人見知りを直したい場合にも有効です。

対人トラブルを回避したい

人間関係のトラブルは厄介なものです。巻き込まれそうなとき、巻き込まれてしまったときは北に緑、青系の花を飾ってみましょう。

人脈を広げたい

人脈を広げ、これまで以上にたくさんの人と知り合いたいときは、北東に赤、オレンジの花を飾りましょう。フットワークも軽くなり、新しい縁に恵まれるはずです。

恋愛運

出会いが欲しい

出会いを求めているときは、濃いピンクやオレンジなどなるべく明るい色をチョイスしましょう。出会いの運気を高め、さらに美しさを高めるビューティー運を高めてくれる効果も期待できます。南に飾り、なるべく葉や花びらに丸みがあるものを選びましょう。花器も角のないものを選ぶのがベター。

片想い

色はピンクで、薄い色を選ぶと効果的です。片想いのときは精神的にも不安定になりがち。見た目にも美しい花を飾って心を癒しましょう。東南の方角に飾ると、恋愛運が高まり、好きな人の心をつかむチャンスを引き寄せてくれます。花瓶の下にレースやリボンなどがついた女性らしさを感じさせる布などを敷くとさらに効果的。

彼とケンカしてしまった

ケンカした彼と仲直りしたいときは、気持ちを落ち着けてくれる青、紫などの花を選びましょう。飾る方角は東南に。できるだけ大きな花を選び、一輪より、たくさんの花を飾る方が効果的です。

今の彼と結婚したい

今の恋人と結婚したいときに効果的なのは、オレンジ、ローズ系の花を東南の方角に飾ることです。恋人との絆を強固なものにしつつ、新しい展開が見えてくるはず。常に新鮮な花を飾るようにしましょう。

目的別花風水

ここでは具体的な悩みに対応する花風水の
取り入れ方を紹介します。

仕事運

転職したい

転職したい場合は、北東の方角に白、ベージュなどの花を飾ってみましょう。相性のよい職場との縁をつないでくれるはずです。新しい環境に向かうための気持ちを固めてくれる効果も期待できます。

仕事の効率を上げたい

仕事の効率アップには、会社の東の方角に青い花を飾りましょう。仕事場に飾りにくい場合は、家でも大丈夫です。なるべく派手で、豪華な花を飾りましょう。実がつく花を一緒に飾るとさらに効果が高まります。

金運を上げたい

金運アップを望んでいる場合は、西の方角に黄やオレンジの花を飾るとよいでしょう。豪華なものでなくても大丈夫です。たった一輪飾るだけでも効果的。ただし、水替えなどはマメに行いましょう。

Orange yellow

オレンジ・黄のもつパワー

オレンジ・黄には気持ちを明るく前向きにしてくれるパワーがあると言われています。

見る人の心を豊かにしてくれるので、家庭運をアップさせたいときにピッタリです。家族がよく集まる場所に飾ると、さらに効果的です。また、西に飾ると金運がアップすることも有名です。

❋ 方角
北、南、西がよいでしょう。

❋ おもな花
ガーベラ、キク、チューリップなど

❋ ポイント
NGはありません。自分の好みに合わせて飾りましょう。

リビングなど、家族が集まる場所に。仲のよい友達や、家族に贈る花としても最適です。

Green
緑のもつパワー

緑には空気をきれいにする力、心を穏やかにしてストレスを解消する力があるといわれています。気分が落ち込んでしまったときや、なんとなく体調がすぐれないときには、緑の花を飾ってみましょう。身近な場所に飾るのがポイントです。

方角は南西がよいでしょう。

* **おもな花**

アジサイ、クリスマスローズ、バイモなど

* **ポイント**

緑はどんな色とも相性がいいですから、他の色と合わせて楽しむのもいいでしょう。

身近な場所である自室や寝室、リビングなどに。お見舞いに贈る花にもピッタリです。

White
白のもつパワー

白には、物事を浄化してくれるパワーがあるといわれています。どんな色とも相性がいいので、ブーケにするのもよいでしょう。

バランスを整えてくれるので、人間関係をスムースにしたいときにオススメの色です。悪い気を散らし、良い気の流れをつくってくれるでしょう。

方角は北東がオススメです。

※ **おもな花**
ウメ、カスミソウ、マーガレットなど

※ **ポイント**
黒など、暗い色の花瓶に飾るよりは、白や透明といった馴染む色の花器を選んだ方がより効果的です。

人が多く集まる場所や、子ども部屋などに。玄関など人が出入りする場所に飾る花としてもピッタリです。

Blue
青のもつパワー

青は海や空など自然に多い色ですから、緊張を和らげ、冷静な判断力を取り戻してくれる効果が期待できます。

やる気も高めてくれるので、仕事運をアップさせたい人にピッタリです。嫌なことがあった日に、気持ちをリセットさせる意味で青い花を飾るのもよいでしょう。

方角は東がオススメです。

❋ **おもな花**
ニゲラ、ヒヤシンス、ワスレナグサなど

❋ **ポイント**
緊張を和らげたいときには、濃い色の花と合わせるのは控えましょう。やる気を高めたいときはOK。

仕事に関連する事務所や執務室に。昇進や新築などのお祝いに贈る花としても最適です。

Purple
紫のもつパワー

紫には、心を穏やかにし、精神面を安定させてくれる効果があると言われています。

リラックス効果があるので、疲れを癒したいときやイライラを鎮めたいときに最適です。ネガティブな気持ちから抜け出せないときにも、紫の花を飾ると前向きな気持ちを取り戻すことができるでしょう。

方角は北、東がよいでしょう。

＊ おもな花
アイリス、アネモネ、パンジーなど

＊ ポイント
紫は大きなブーケにするより、小ぶりなものを飾るのが効果的です。

芸術的な物事に関連し、書斎にぴったり。コンサートやお祝いなどで贈る花としても最適です。

Pink
ピンクのもつパワー

ピンクには女性ホルモンを整える作用があるともいわれています。女性らしさを高めたり、恋愛運をアップさせる効果が期待できます。心を穏やかにしてくれる作用もあるので、片想いの人や、出会いを求めている人にもピッタリ。方角は北、東南などがよいでしょう。

* **おもな花**
スイートピー、ガーベラ、レンゲソウなど

* **ポイント**
ピンクは、他の色よりも見た目にこだわる必要があります。花器も見た目がキレイなものを選びましょう。

ビューティー運や恋愛運をアップしてくれるピンクは、洗面台やドレッサーなど鏡がある場所に飾るのがオススメです。

色に注目して運気を上昇!

花の色の効果を知り、意識して飾ることで、
自分が欲しい運を効率よく呼び込むことができます。

Red
赤のもつパワー

赤は、集中力と行動力を高め、愛情を強化してくれる色です。恋人同士や夫婦間の愛情をさらに深める効果がありますので、新婚家庭に飾るにはピッタリ。また、知人の結婚祝いや両親の結婚記念日などに贈るのもいいでしょう。

方角は北、東、南、東南がよいでしょう。

✽ **おもな花**
アマリリス、アンスリウム、バラなど

✽ **ポイント**
主張の強い色であり、そのパワーも強烈なので、弱っている人や病気の人には適しません。

情熱的な恋をしている最中にピッタリの色。恋人同士が贈り合ったり、二人の共有スペースに飾るのにも最適です。

方位と色の関係

方位と色には相性があります。ぴったりの相性の色と場所を利用して、幸運を呼び込みましょう。

風水上の方位には、北、東、南、西、北東、東南、南西、北西があります。

それぞれの方位の効果と適切な色は、下記の図を参考にしてください。たとえば仕事運を上げたい場合は北西にクリーム色の花を。金運を上げたい場合は西に黄色い花を飾ってみましょう。

ただし、飾りっぱなしではなく、その花を意識して見ることも忘れずに。見ることでよりよい気を呼び込んで、効果をさらに高めることができます。

方位図

- **北**：恋愛運、家庭運、子宝運、人間関係 — ピンク、ローズ、紫
- **北東**：転職運、変化をもたらす — 白
- **東**：情報収集、決断力、健康運 — 青、赤
- **東南**：結婚運、恋愛運、人間関係 — オレンジ
- **南**：ビューティ運、人気運、隠れた才能を引き出す — 緑、オレンジ
- **南西**：家庭運、健康運 — 緑
- **西**：金運、商売運 — 黄
- **北西**：仕事運、勝負運 — クリームベージュ

飾る場所によって効果が変わる

「花風水」で最も重要なのは、花の色（種類）と花を飾る場所です。たとえば、恋愛運をアップさせたいなら、ピンクやローズ系の花を部屋の北側に……など、目的によって選ぶ花の色と飾る場所が変わってきます。

飾り方のコツ

飾り方については、自分の好みに合っているということが一番重要です。さらに、花がもつパワーを存分に発揮させるため、次の点に注意しましょう。

季節の花を飾る

季節の花を取り入れることで、その花がもつ旬のパワーを味方につけましょう。
春…成長を促進してくれる
夏…活力を高めてくれる
秋…心を鎮め、癒してくれる
冬…内に秘めた力を増幅させてくれる

花器はガラスがベスト

花はなるべくおおい隠さないほうがよいので、ガラスなどの透明の花器がオススメです。

枯れた花を飾り続けない

枯れた花は、よい運気を吸い取るので、部屋やあなたの運気がダウンしてしまうこともあります。

水は毎日替える

水が濁ってしまうと、マイナスの波動が部屋に充満してしまいます。1日1回の水替えが理想です。

花風水って何？

部屋に花を飾るだけで、明るく優しい気分になりませんか？
花には、人を癒し、元気づけてくれるパワーがあるのです。

ここでは、花のパワーと、東洋に古くから伝わる幸運を呼び込むための開運法である「風水」を利用した、「花風水」を紹介します。

日常に一番取り入れやすい「花風水」は、切り花を部屋に飾ること。生き生きとした切り花が、生命力を高め、運気をアップさせてくれることでしょう。

基本的には、好きな花を好きな場所に飾るだけでも、癒しとともに運気アップが望めますが、花にはそれぞれがもつ効用があります。また、飾る方位によっても効果はさまざま。

この章では、難しい知識がなくても誰でも簡単に取り入れられる「カンタン花風水」をご紹介します。花のアレンジを楽しむと同時に、よりよい運気を呼び込みましょう。

* * * * * * * * * * * * * *

Part 3
かんたんアレンジで運気を上昇させる花風水

花には見るだけでも癒されたり、元気が出たりするパワーがあります。そんな花のもつパワーを、東洋に古くから伝わる「風水」と組み合わせることでより引き出す、「花風水」を紹介します。Part 1のアレンジも参考に、まずは自分の好きな花で気軽にはじめてみましょう。

* * * * * * * * * * * * * *

COLUMN

アレンジの基本

ここでは花をアレンジするときにあると便利な道具や、
とくに気をつけたいポイントを紹介します。

あると便利な基本の道具

花ばさみは余計な力を入れずに枝や茎を切ることができます。また、フローリストナイフは花材専用の刃が鋭いナイフで、茎や枝を、断面をつぶすことなく切ることができます。そのほか、バケツやタオル、新聞紙なども用意するとよいでしょう。

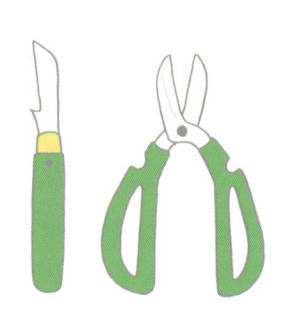

水揚げの方法

花を生ける前に水揚げをすると、花が生き生きとします。必要のない葉を取り除き、バケツなどにためた水に茎を入れ、水中でななめに切る水切りをします。水切りだけでは元気が出ない花は、茎の根元が5cmくらい出るように新聞紙を巻いた状態で、花のすぐ下まで水につけます。いずれも、適さない花もあるので花屋さんで聞いて下さい。

花の手入れ

花は傷みにくい涼しい場所に置き、水はできるだけ毎日替えましょう。また、水につかった茎は少したつと微生物の働きでぬめりが出ます。水替えついでに手で洗いましょう。同じように、切り口も微生物などの影響でつまったりするので、こまめに水切りをすることをおすすめします。

リンゴ
好み
優先

日本には、平安中期ごろに中国原産のワリンゴが伝わりましたが、今のようなセイヨウリンゴは江戸時代に渡来し、その後本格的に導入されました。

科・属名●バラ科リンゴ属　英名●Common apple　和名●林檎（リンゴ）
出まわり期●4〜5月　開花期間●3〜5日程度　カラー●白、淡いピンク

ルピナス
想像力
貪欲

古代エジプトの時代から、薬用や食用に用いられてきたというルピナス。フジをさかさにしたような花の姿から、「昇り藤」「立ち藤」の別名もあります。

科・属名●マメ科ハウチワマメ属　英名●Lupin、Russell lupinus　和名●羽団扇豆（ハウチワマメ）　出まわり期●4〜6月（最盛期は5月）　日もち●5〜6日程度　カラー●赤〜ピンク、黄〜オレンジ、青〜紫、白

レンゲソウ
悲しみをやわらげる

正しい和名はゲンゲといいます。かつては緑肥や牛の飼料のために秋に種をまき、翌春、一面に花をつけるレンゲソウの畑は春の風物詩の一つでした。

科・属名●マメ科ゲンゲ属　英名●Milk vetch　和名●紫雲英、翹揺（ともにゲンゲ）　出まわり期●4〜6月（最盛期は5月）　開花期間●4〜5日程度　カラー●紫紅、白

ヤマブキ

気品
高尚

鮮やかな黄色が美しい花で、室町時代の武将、太田道灌の逸話に出てくる、貧しいながらも「気品」のある娘を表すかのような花言葉があります。

科・属名●バラ科ヤマブキ属　英名●Japanese rose, Jew's mallow
和名●山吹（ヤマブキ）　出まわり期●4〜5月（最盛期は5月）　カラー●山吹色
（一枝）●1週間程度

ユキノシタ

愛情

葉の煎じ汁は子どもに多い中耳炎やひきつけなどに効果があるとされ、民間療法に用いられていたことから、「愛情」の花言葉があるのかもしれません。

科・属名●ユキノシタ科ユキノシタ属　英名●Beefsteak geranium, Mother of thousands　和名●雪ノ下（ユキノシタ）　出まわり期●6月　開花期間（一枝）●1か月程度　カラー●白

ラベンダー

不信感
疑惑

「ハーブの女王」ともいわれ、古代ローマの時代から香り高い薬草として珍重されています。精油成分には消化促進、精神安定などさまざまな効果があります。

科・属名●シソ科ラヴァンドラ属　英名●Lavender, English lavender
和名●ラベンダー　出まわり期●6〜7月（最盛期は6月）　日もち●2〜3日程度　カラー●青〜紫、白

ムラサキシキブ
聡明
賢さ

花よりも秋につける紫色の実を愛でることの多い植物です。平安時代の才女、紫式部の名を冠し、花言葉も彼女を連想させるものになっています。

科・属名●クマツヅラ科ムラサキシキブ属　英名●Beauty berry　和名●紫式部（ムラサキシキブ）　出まわり期●6〜10月　日もち●1週間程度　カラー●紫、白、赤〜ピンク

モウズイカ
気立てがよい

毛蕊花と書くこの花は、雄しべに細毛があることにちなみ、属名のVerbascumはギリシャ語のbarbascum（ひげのある）に由来しています。

科・属名●ゴマノハグサ科ウェルバスクム属（モウズイカ）　英名●Mullein　和名●毛蕊花（モウズイカ）　出まわり期●7〜8月　開花期間●1〜2か月程度　カラー●黄、白、紫

モクレン
自然を愛する

4〜5月頃、葉が出る前にいっせいに紫のとても大きな花を咲き誇らせ、めいっぱい自然を謳歌しているような様子が花言葉の由来でしょうか。

科・属名●モクレン科モクレン属　英名●Magnolia, Lily magnolia　和名●木蓮（モクレン）　出まわり期●3〜5月（最盛期は4月）　日もち●3〜4日程度　カラー●紫、黄、紅、赤など

マンジュシャゲ
悲しき思い出

秋の彼岸の頃に咲くことからヒガンバナの別名もあります。この名前からか、墓地などでもよく見られます。花言葉もここからきたのでしょう。

科・属名●ヒガンバナ科リコリス属　英名●Red spider lily、Spider lily　和名●彼岸花(ヒガンバナ)　出まわり期●9~11月(最盛期は9月)　開花期間(群生)●3~4日程度　カラー●赤、黄、白

ミヤコワスレ
短い別れ

順徳天皇が都から佐渡に流された時の逸話が、花の名前と花言葉の由来でしょう。「短い別れ」には順徳天皇の悲しい思いが込められているようです。

科・属名●キク科ミヤマヨメナ属　英名●Gymnaster　和名●都忘れ(ミヤコワスレ)　出まわり期●3~6月　日もち●3~5日程度　カラー●赤~ピンク、青~紫、白

ムシトリナデシコ
誘惑

茎の上部の節から粘液を分泌し、これに虫がつくことから、虫取り撫子の和名があります。虫を誘うこの花の特性から「誘惑」の花言葉がついたのでしょう。

科・属名●ナデシコ科シレネ属　英名●Garden catchfly、Sweet William catchfly　和名●虫取り撫子(ムシトリナデシコ)　出まわり期●5~6月　日もち●3日~1週間程度　カラー●淡紅~赤、白

マツバギク

暇
無為

花言葉は、花びらの数の多い小菊のような花で、「暇」つぶしに花占いをするなんて「無為」なことはやめなさいといさめているのでしょうか。

科・属名●ツルナ科ランプランツス属（マツバギク）　英名●Fig marigold　和名●松葉菊　出まわり期●5〜8月　開花期間●4〜5か月程度　カラー●ピンク〜赤〜赤紫、オレンジ〜黄、白

マツバボタン

無邪気

短気な青年がささいなことでケンカをして、銃を抜こうとしたとき、ふと足下に「無邪気」に咲くこの花を見て我に返った、という話があります。

科・属名●スベリヒユ科ポルツラカ属　英名●Eleven-o'clock, Rose moss, Sun plant　和名●松葉牡丹（マツバボタン）　出まわり期●5〜8月　開花期間●4〜5か月程度　カラー●赤〜ピンク、黄〜オレンジ

マツヨイグサ

気まぐれ
移り気

同属のオオマツヨイグサとともに帰化植物の一つです。夕方になってから花を咲かせることから「気まぐれ」の花言葉が生まれたようです。

科・属名●アカバナ科マツヨイグサ属　英名●Evening primrose, Sundrops　和名●待宵草（マツヨイグサ）　出まわり期●5〜9月（最盛期は7月）　開花期間●1日程度　カラー●黄、白

ボケ

平凡

古くから知られ、『魏志倭人伝』にもクサボケらしき種が登場します。低木で、小さな庭に向いていることから「平凡」の花言葉がついたようです。

- 科・属名●バラ科ボケ属　英名●Japanese quince、Flowering quince
- 和名●木瓜（ボケ）　出まわり期●2〜4月（最盛期は3〜4月）　カラー●淡ピンク〜赤、白
- 5日〜1週間程度　日もち

ボタン

恥じらい
人見知り
王者の風格

原産地の中国では、花の豪華さと気品がほかの花を圧倒するものとして花王、花神と呼ばれていたところから、「王者の風格」の花言葉があります。

- 科・属名●ボタン科ボタン属　英名●Tree peony　和名●牡丹（ボタン）
- 出まわり期●11〜5月（最盛期は4月）　日もち●4〜5日程度　カラー
- 赤〜ピンク、紫、白

ホトトギス

永遠の若さ

花の紫の斑紋が鳥のホトトギスの胸の模様に似ていることが名前の由来とされます。花言葉は、夏から秋の終わりまで咲き続ける生命力が由来でしょう。

- 科・属名●ユリ科ホトトギス属　英名●Japanese toad lily　和名●杜鵑草（ホトトギス）　出まわり期●9〜10月　日もち●5日〜1週間程度　カラー●紫、黄、白

ポインセチア
幸運を祈る

真っ赤な花のように見えるのは花を守る苞(ほう)で、中に小さな花がかたまってついています。白やピンクのものもあり、花言葉からもクリスマスにぴったりです。

科・属名●トウダイグサ科トウダイグサ属　英名●Poinsettia, Christmas flower　和名●猩々木(ショウジョウボク)　出まわり期●11〜3月(最盛期は12月)　日もち●5日〜1週間程度　カラー●赤、白、ピンクなど

ホウセンカ
私に触れないで

成熟した実に触れただけで、勢いよく種子が飛び出ます。そこから、ラテン語の inpatience(がまんできない)にちなんで属名や花言葉がきたのでしょう。

科・属名●ツリフネソウ科インパティエンス属　英名●Garden balsam, Rose balsam　和名●鳳仙花(ホウセンカ)　出まわり期●6〜9月(最盛期は7〜8月)　開花期間(株)●4〜5か月程度　カラー●紫、紅など

ホオズキ
欺瞞(ぎまん)

花より実がよく観賞される植物です。提灯(ちょうちん)のような大きな萼(がく)の中は空洞で、小さな赤い実が1個だけ入っている様子が「欺瞞」の花言葉になりました。

科・属名●ナス科ホオズキ属　英名●Alkekengi, Chinese lantern　和名●鬼灯、酸漿(ともにホオズキ)　出まわり期●5〜6月(最盛期は5月)　開花期間●2〜3日程度(実は10日〜2週間程度)　カラー●白〜淡黄

ヘリクリスム
いつまでも続く喜び

ヘリクリスムの名はギリシャ語で黄金に輝く花を表します。乾燥させても光沢を失わないため、ドライフラワーにすることも多いことが花言葉の由来でしょうか。

科/属名●キク科ヘリクリスム属　英名●Strawflower　和名●麦藁菊(ムギワラギク)　出まわり期●周年（最盛期は5月）　日もち●1週間～10日程度　カラー●赤～ピンク、黄～オレンジ、白

ヘレニウム
涙

筒状の花が集まり、盛り上がった様子から団子菊の和名があります。英名はクシャミグサの意味で、アメリカの先住民が嗅ぎたばこにしていたのが由来です。

科/属名●キク科ヘレニウム属　英名●Sneezeweed　和名●団子菊(ダンゴギク)　出まわり期●5～10月（最盛期は5月）　日もち●5日～1週間程度　カラー●黄～オレンジ～赤

ベロニカ
忠誠心
忠実

トラのしっぽのような形から、セイヨウトラノオの別名をもちます。キリストと聖女ベロニカの伝説が、この花の名前と花言葉の由来のようです。

科/属名●ゴマノハグサ科ウェロニカ属　英名●Beach speedwell, Clump speedwell　和名●ベロニカ　出まわり期●7～9月　日もち●2～3日程度　カラー●淡紫、ピンク

ベゴニア

用心
真心

科・属名 ●シュウカイドウ科ベゴニア属　英名 ●Christmas begonia, Winter-flowering begonia　和名 ●四季咲き(シキザキ)ベゴニア　出まわり ●周年　開花期間 ●種で異なる　カラー ●赤～ピンクなど

非常に多くの改良品種がありますが、中でも美しい花をつけ、観賞価値の高いものを花ベゴニアと呼びます。ベゴニア・センパフローレンスがもっとも一般的です。

ペチュニア

心を静めてくれる

科・属名 ●ナス科ペチュニア属　英名 ●Petunia, Common garden petunia　和名 ●衝羽根朝顔(ツクバネアサガオ)　出まわり期 ●3～10月　開花期間(群生) ●5～6か月程度　カラー ●赤～ピンク、オレンジ～黄など

petunia(ペチュニア)は、原産地ブラジルの言葉petum(たばこ)に由来し、同じナス科で花の姿が似ているため、花言葉もできたのかもしれません。

ヘリオトロープ

崇拝
忠実

科・属名 ●ムラサキ科ヘリオトロピウム属　和名 ●ヘリオトロープ　英名 ●Cherry-pie, Heliotrope　出まわり期 ●5～7月　日もち ●3～5日程度　カラー ●淡藤～紫、白

属名のHeliotropiumにはギリシャ語で太陽と回転の意味があり、この花が太陽の動きに沿ってまわると信じられていたことが花言葉の由来かもしれません。

フヨウ
繊細な美

科・属名 ● アオイ科フヨウ属　英名 ● Cotton rose, Confederate rose
和名 ● 芙蓉(フヨウ)　出まわり期 ● 6〜10月(最盛期は8月)　開花期間
● 4〜5か月程度(一つの花は1〜3日程度)　カラー ● 白〜ピンク

朝方の薄紅色が、夕方には紅色に変わるという花色の変化とともに、昔から美しい女性のたとえに用いられていたことが、この花言葉になったようです。

フリティラリア
威厳
権力

科・属名 ● ユリ科フリティラリア属　英名 ● Crown imperial　和名 ● 瓔珞百合(ヨウラクユリ)　出まわり期 ● 5月　日もち ● 5〜10日程度　カラー ● 黄、オレンジ

釣り鐘型の花が集まった姿が、寺院や仏具の飾りの瓔珞(ようらく)に似ていることからヨウラクユリとも呼ばれます。花言葉もこれに由来するのでしょう。

フロックス
全員一致

科・属名 ● ハナシノブ科フロックス属　英名 ● Perennial phlox　和名 ● 草夾竹桃(クサキョウチクトウ)　出まわり期 ● 5〜9月　日もち ● 5日〜1週間程度　カラー ● 赤〜ピンク、オレンジ〜黄、青〜紫、白

phlox(フロックス)は、燃えるような花色からギリシャ語の phlogos(炎)に由来するとされます。小花が集まって咲く様子が花言葉の由来でしょう。

フジ
優しさ
歓迎

科・属名●マメ科フジ属　英名●Japanese wisteria　和名●藤（フジ）　出まわり期●4〜6月（最盛期は5月）　開花期間●5日〜2週間程度　カラー●淡紫

一般的なフジをはじめ、ヤマフジなど数種が日本に自生しています。つるが時計まわりに巻くフジに対し、ヤマフジはつるが反時計まわりに巻きます。

フジバカマ
遅れ
延期

科・属名●マメ科フジ属　英名●Boneset　和名●藤袴（フジバカマ）　出まわり期●8〜9月（最盛期は8月）　日もち●5日〜1週間程度　カラー●青、淡紅

枝先のたくさんの小花が少しずつ咲いていくので、その様子が花言葉となったのでしょう。秋の七草の一つですが、現在は準絶滅危惧種に指定されています。

ブバルディア
交流
親交

科・属名●アカネ科ブバルディア属　英名●Bouvardia　和名●ブバルディア　出まわり期●周年（温室栽培）　日もち●1週間程度　カラー●赤、ピンク、黄、白

花の名前はルイ13世の従医で王室庭園の園長ブーバルにちなみます。数種の植物をかけ合わせてつくられたため、この花言葉が生まれたようです。

ブーゲンビリア

情熱
熱狂

花に見える色つきの部分は苞（ほう）で、中央の白い部分が花です。園芸品種が多く、色もさまざまで、花言葉も南国の花らしいものがつけられています。

科・属名●オシロイバナ科ブーゲンヴィレア属　英名●Bougainvillea　和名●筏葛（イカダカズラ）　出まわり期●3〜11月　開花期間●6か月程度　カラー●赤〜ピンク、オレンジ〜黄、紫、白

フクシア

見識
たしなみ

枝先に垂れ下がるように咲き、独特の花の姿から、釣浮き草の別名があります。英名は女性のイヤリングの意味をもち、ここから花言葉がきたようです。

科・属名●アカバナ科フクシア属　英名●Fuchsia, Lady's eardrops　和名●フクシア　出まわり期●3〜7月（最盛期は6月）　開花期間●1週間〜10日程度　カラー●赤、淡紅、紅紫など

フクジュソウ

幸福

旧暦のお正月のころに黄色い花を咲かせ、幸せと長寿を祝う花として、花の名前や花言葉とともに古くから縁起のよい花とされてきました。

科・属名●キンポウゲ科アドニス属　英名●Amur adonis　和名●福寿草（フクジュソウ）　出まわり期●1〜3月（最盛期は2月）　開花期間（1株）●10日〜2週間程度　カラー●黄、橙

ハマユウ
どこか遠くへ

ハマユウは、海辺に流れ着いた種子が根づき、自生しました。そのため、この花の故郷である海の彼方を思ってこの花言葉がつけられたのかもしれません。

科・属名●ヒガンバナ科クリヌム属（ハマユウ）　英名●Poison bulb　和名●浜木綿　出まわり期●7〜8月　開花期間●4〜5日程度　カラー●白

ハルシャギク
一目ぼれ

「ハルシャ」は「ペルシャ」のなまりで、アメリカ原産のこの花がなぜこの名で呼ばれるようになったのかは不明です。日本には明治の初年に渡来しました。

科・属名●キク科コレオプシス属　英名●Calliopsis　和名●波斬菊（ハルシャギク）　出まわり期●7〜11月　日もち●4日〜1週間程度　カラー●黄、濃紅

ヒソップ
清潔
きれい好き

属名や英名の hyssopus は、ヘブライ語の ezob（聖なる草）に由来するといわれ、神聖な場所を清めるのに用いられたことがこの花言葉になったのでしょう。

科・属名●シソ科ヤナギハッカ属　英名●Common hyssopus　和名●柳薄荷（ヤナギハッカ）　出まわり期●5〜10月　日もち●3〜5日程度　カラー●青、ピンク、白

ハナビシソウ

富
成功

原産地では春になると一面黄金色に染まるほどの大群落ができ、この地を見た探検家たちが「黄金の西部」と呼んだことが花言葉の由来とされます。

科・属名●ケシ科エッショルチア属　英名●California poppy　和名●花菱草（ハナビシソウ）　出まわり期●8〜9月　開花期間●1〜2か月程度
カラー●赤、黄、白

ハナミズキ

永続性

アメリカの有名な花の一つで、東京がワシントン市に贈ったサクラの返礼として1915年に日本に来ました。人や国の結びつきの願いが花言葉になったのかもしれません。

科・属名●ミズキ科ミズキ属　英名●Flowering dogwood　和名●花水木（ハナミズキ）　出まわり期●4〜5月　日もち●5日〜1週間程度
カラー●白、赤〜ピンク

ハマナス

魅力は美しさのみ

本州北部〜北海道の砂浜に自生し、夏の間中、次々と花を咲かせますが、それぞれは短命の一日花で、そのはかなさがこの花言葉を連想させたのでしょう。

科・属名●バラ科バラ属　英名●Japanese rose, Turkestan rose　和名●浜梨（ハマナス）　出まわり期●6〜8月　開花期間●3〜4か月程度
カラー●濃紅紫〜ピンク、白

ハイビスカス
優美

日本ではハイビスカスを髪に挿してフラダンスを踊る優美な姿がおなじみですが、花言葉もこの鮮やかな花の姿に由来するのかもしれません。

科・属名●アオイ科フヨウ属　英名●China rose、Chinese hibiscus　和名●仏桑花、仏桑華（ともにブッソウゲ）　出まわり期●3〜9月（最盛期は7〜8月）　開花期間●6か月程度　カラー●赤、ピンク、黄

ハナカイドウ
温和な人柄

花の柄が長く、枝垂れ咲きになるため垂糸海棠の名もあります。花言葉はこの暖かな春を感じさせる優しい花の姿から生まれたようです。

科・属名●バラ科マルス属　英名●Flowering crab apple　和名●花海棠（ハナカイドウ）　出まわり期●2〜4月　開花期間●1週間程度　カラー●濃ピンク〜淡ピンク

ハナシノブ
来てください

葉がシダ類のシノブに似ているため、ハナシノブの名があります。このハナシノブは日本の各地に自生し、世界で九州地方だけの品種や変種などもあります。

科・属名●ハナシノブ科ハナシノブ属　英名●Charity、Greek valerian、Jacob's-ladder　和名●花忍（ハナシノブ）　出まわり期●5〜8月　開花期間（株）●1〜2か月　カラー●青、紫、黄、白

ノコギリソウ

心の傷
戦い

属名のアキレアはギリシャ神話のアキレスに由来するとされ、花はアキレスと戦って亡くなった王女の化身ともいわれることから花言葉もきたのでしょう。

科・属名●キク科ノコギリソウ(アキレア)属　英名●Yarrow, Milfoil　和名●鋸草(ノコギリソウ)　出まわり期●5〜9月　日もち●1週間程度　カラー●白(園芸品種に赤〜ピンクや黄〜オレンジ)

バーベナ

赤／団結
白／祈って
ピンク／家族の調和

サクラソウに似ているため「美女桜(びじょざくら)」の別名をもちます。また、小さな花が集まって咲く様子が美しく、その姿から「団結」の花言葉があります。

科・属名●クマツヅラ科クマツヅラ属　英名●Florist's verbena, Garden verbena　和名●美女桜(ビジョザクラ)　出まわり期●3〜9月　開花期間●1週間程度　カラー●赤〜ピンク、オレンジ〜黄、青〜紫、白

バイカウツギ

回想
追憶

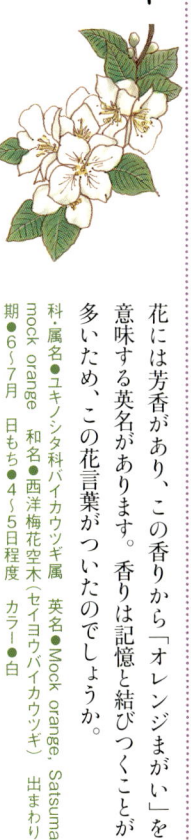

花には芳香があり、この香りから「オレンジまがい」を意味する英名があります。香りは記憶と結びつくことが多いため、この花言葉がついたのでしょうか。

科・属名●ユキノシタ科バイカウツギ属　英名●Mock orange, Satsuma mock orange　和名●西洋梅花空木(セイヨウバイカウツギ)　出まわり期●6〜7月　日もち●4〜5日程度　カラー●白

ナンテン
私の愛はさらに深まる

ナンテンの音が「難を転ずる」に通ずることから、古くから魔除け、厄除けとなる縁起物の木とされてきました。実は漢方薬としても利用されています。

科・属名●メギ科ナンテン属　英名●Nandina, Heavenly bamboo, Sacred bamboo　和名●南天、難転(ともにナンテン)　出まわり期　実:: 10～5月　日もち●1か月程度　カラー●白(花)、赤・白(実)

ニチニチソウ
楽しい思い出

たくさんのつぼみが日々次々と開花する様子からその名がつきました。切花用の高性種、花壇用の矮性種、下草、釣鉢用の匍匐性種と3系統の園芸品種があります。

科・属名●キョウチクトウ科カタランツス属　英名●Madagascar, periwinkle, Old maid　和名●日日草(ニチニチソウ)　出まわり期●4～10月　日もち●3～5日程度　カラー●赤〜ピンク、白

ノウゼンカズラ
名声
評判のよい

つる性で他の植物に着生して生長します。この属は日本には自生しませんが、その歴史は古く、平安時代にはすでに中国産の種が渡来していたそうです。

科・属名●ノウゼンカズラ科ノウゼンカズラ属　英名●Chinese trumpet flower、和名●凌霄花(ノウゼンカズラ)　出まわり期●7～9月　開花期間●3～4か月程度　カラー●赤、オレンジ～黄

トケイソウ
狂信

日本では花の形を時計に見立てる一方、キリスト教世界では花を十字架に見立て、キリストの処刑を象徴する花として、宗教的な花言葉がつけられました。

科・属名 ● トケイソウ科トケイソウ属　英名 ● Passion flower, Blue crown　和名 ● 時計草(トケイソウ)　出まわり期 ● 3〜8月(最盛期は7〜8月)　日もち ● 1週間程度　カラー ● 紫、白

トリカブト
厭世的

花を観賞するものは、正しくは花鳥兜と呼び、雅楽に使う鳥兜からつけられました。猛毒があることが有名ですが、花言葉もそこからきたのかもしれません。

科・属名 ● キンポウゲ科トリカブト属　英名 ● Monkshood　和名 ● 花鳥兜(ハナトリカブト)　出まわり期 ● 7〜9月　日もち ● 5日〜1週間程度　カラー ● 紫

ナナカマド
賢明
怠りない心

七竈の名は「七度釜に入れても燃えない」や「七度焼くと良質な墨になる」などの言い伝えからつき、そこから堅実さを感じさせる花言葉になったのかもしれません。

科・属名 ● バラ科ナナカマド属　英名 ● Mountain ash, White beam　和名 ● 七竈(ナナカマド)　出まわり期 ● 5月　開花期間 ● 1か月程度(切った葉や実は1週間〜10日程度)　カラー ● 白

ツルニチニチソウ

愛おしい記憶

花のついた茎は直立しますが、それ以外はつるとなって横に伸びる特徴があります。斑入りの葉をもつものもあり、観葉植物にも使われています。

科・属名●キョウチクトウ科ツルニチニチソウ属　英名●Band plant, Blue-buttons, Cut-finger　和名●蔓日々草（ツルニチニチソウ）　出まわり期●3〜5月　日もち●1〜2日程度　カラー●淡青、淡紫、白

ツワブキ

謙遜
先見の明

フキに似ており、光沢のある葉をもつため艶葉蕗、これが転じてツワブキになったといわれています。園芸品種として栽培されるほか、食用にも利用されます。

科・属名●キク科ツワブキ属　英名●Japanese farfugium　和名●石蕗（ツワブキ）　出まわり期●10〜12月　開花期間（一株）●2〜3か月程度　カラー●黄

デージー

無垢
共感します

もとはヨーロッパに自生し、一重の目立たぬ花だったために雑草の扱いをされていたようです。そこから「無垢」の花言葉がきたのかもしれません。

科・属名●キク科ヒナギク属　英名●Common daisy, English daisy　和名●雛菊（ヒナギク）　出まわり期●1〜5月（最盛期は3〜5月）　開花期間（一つの花）●10〜20日程度　カラー●淡紅、紅、白など

タンポポ
愛の託宣
素朴な神託

最近はセイヨウタンポポなどヨーロッパ原産の帰化種が増えています。ヨーロッパではタンポポの綿毛で恋占いをしていたことからこの花言葉がつきました。

科・属名●キク科タンポポ属　英名●Dandelion, Blow balls　和名●蒲公英（タンポポ）　出まわり期●2～5月（最盛期は3～4月）　日もち●1～2日程度　カラー●黄、白

ツツジ
節度
慎み

ツツジは、ツツジ属の落葉性または半落葉性の植物の総称です。日本の自生種が多く、古くから庭木や盆栽に用いられてきており、品種改良も盛んです。

科・属名●ツツジ科ツツジ属　英名●Azalea, Rhododendron　和名●躑躅（ツツジ）　出まわり期●12～6月　日もち●5日～1週間程度　カラー●赤～ピンク、オレンジ～黄、白

ツユクサ
敬われぬ愛

染料にも用いられてきた藍色が美しいツユクサ。朝咲いた花が昼にはしぼむことが名の由来ですが、花言葉も朝露のような儚い思いを表しているのでしょうか。

科・属名●ツユクサ科ツユクサ属　英名●Day flower　和名●露草（ツユクサ）　出まわり期●6～9月（最盛期は7月）　開花期間●1日（午前中）　カラー●藍

セイヨウオダマキ
愚か

オダマキの名は花の形が麻糸を巻くのに使った苧環に似ていることにちなみます。一般に多彩な色を誇るセイヨウオダマキが出まわっています。

科・属名●キンポウゲ科オダマキ属　英名●Columbine, European crowfoot　和名●西洋苧環(セイヨウオダマキ)　出まわり期●5〜6月　日もち●4〜5日程度　カラー●赤〜ピンク、青〜紫。黄、白

ゼラニウム
憂鬱(ゆううつ)

葉は種によって異なる香りがあり、香料を取るための品種もありますが、一般の園芸種には悪臭を放つものもあり、その臭いから花言葉がついたようです。

科・属名●フウロソウ科ペラルゴニウム属　英名●Geranium, Stock's bill　和名●天竺葵(テンジクアオイ)　出まわり期●周年(最盛期は5〜9月)　開花期間(一株)●3日〜1週間程度　カラー●赤〜ピンク、白、紫紅

タマスダレ
期待
予想

雨上がりに、不思議と花の高さが伸びるといわれ、英名ではレインリリーとも呼ばれます。日本には明治初期に渡来しました。

科・属名●ヒガンバナ科ゼフィランテス属　英名●Peruvian swamp lily, Zepher lily　和名●玉簾、球簾(ともにタマスダレ)　出まわり期●7〜9月　日もち●3〜5日程度　カラー●白、淡紅

ススキ

活気
元気

日本人に大変なじみの深い草花の一つで、園芸用にはタカノハススキとシマススキ等が用いられています。とても生命力が強く、花言葉もそこからきています。

● 科・属名 ● イネ科ススキ属　英名 ● Eulalia　和名 ● 薄、芒（ともにススキ）　出まわり期 ● 7〜9月（最盛期は9月）　日もち ● 1〜2週間程度　カラー ● 茶〜白

スノードロップ

希望
慰め

アダムとイブが楽園を追われ、それを哀れんだ天使が、雪をこの花に変えて「もうすぐ春が来るよ」と二人を慰めた伝説から花言葉が生まれたようです。

● 科・属名 ● ヒガンバナ科ガランツス属（オオマツユキソウ）　英名 ● Snowdrop　和名 ● 大待雪草　出まわり期 ● 2〜3月　日もち ● 5日程度　カラー ● 白

スミレ

忠実
貞節
謙虚

ギリシャ神話の太陽神・アポロンに見そめられたイアという娘が、婚約者がいるためにその愛を受け入れなかったことが、この花言葉の由来といわれています。

● 科・属名 ● スミレ科スミレ属　英名 ● Violet　和名 ● 菫（スミレ）　出まわり期 ● 3〜5月（最盛期は3月）　開花期間（1株）● 1週間程度　カラー ● 濃紫、白、黄、ピンク

シンビジウム
好意的な気持ち

非常に乾燥に強い、ランの一種です。イギリスやアメリカ、日本でも品種改良が盛んに行われ、今では約3000種もの園芸品種があるといわれています。

科・属名●ラン科シュンラン属　英名●Cymbidium　和名●シンビジウム　出まわり期●周年（最盛期は12〜5月）　日もち●2週間〜1か月程度　カラー●紫紅〜白、黄、ピンクなど

スイセンノウ
私の愛は不変

全体に綿毛が密生し、やわらかな織物を連想させるため、フランネルソウの別名があります。次々に花をつけ、長く楽しめることが花言葉の由来のようです。

科・属名●ナデシコ科リクニス属　英名●Dusty miller, Mullein pink, Rose campion　和名●酔仙翁（スイセンノウ）　出まわり期●6〜7月　日もち●5日〜1週間程度　カラー●紫紅、ピンク、白

スイレン
純粋な心

昔々、美しい乙女が恋人との仲を両親に反対され、湖に身を投げてスイレンになったという伝説があり、花言葉もこの哀れな乙女を思ったものかもしれません。

科・属名●スイレン科スイレン属　英名●Water lily　和名●睡蓮（スイレン）　出まわり期●5〜9月（最盛期は7月）　日もち●3〜5日程度　カラー●赤〜ピンク、オレンジ〜黄、青〜紫、白

ジャスミン
愛想のよい

約300種あるヤスミヌム属の中でも強い香りのものを指します。香り成分に官能的なインドールなどを含み、この魅惑の香りが花言葉の所以(ゆえん)でしょうか。

- 科・属名●モクセイ科ヤスミヌム属　英名●Jasmine, Jessamine　和名●ジャスミン　出まわり期●4〜5月(最盛期は5月)　日もち●3〜5日程度　カラー●白、黄、ピンク

シロツメクサ
私を思い出して

キリスト教と関わりが深く、三つ葉のクローバーは父と子と聖霊の三位一体(さんみいったい)を表し、四葉は十字架に見立てられたりもされてきました。

- 科・属名●マメ科トリフォリウム属　英名●Clover, White clover, White dutch clover　和名●白詰草(シロツメクサ)　出まわり期●5〜9月(最盛期は7月)　開花期間●1週間程度　カラー●白

ジンチョウゲ
飾り立てる

地味な姿に似合わず、沈丁花(じんちょうげ)という名前のように、沈香(じんこう)や丁字(ちょうじ)のような強い香りをふりまくことから「飾り立てる」という花言葉が生まれたようです。

- 科・属名●ジンチョウゲ科ジンチョウゲ属　英名●Winter daphne　和名●沈丁花(ジンチョウゲ)　出まわり期●3〜4月(最盛期は4月)　日もち●5日〜1週間程度　カラー●白、淡紅、淡黄

シオン

追憶
信頼します

科・属名●キク科アスター属　英名●Tartarian aster　和名●紫苑(シオン)　出まわり期●9〜10月(最盛期は9月)　日もち●5日〜1週間程度　カラー●青、紫

『今昔物語』に、息子が母のことを忘れないよう、墓前にこの花を植えてお参りを続けたという話があったことから、この花言葉になったのでしょう。

ジギタリス

不真面目

科・属名●ゴマノハグサ科ディギタリス属　英名●Common foxglove　和名●狐の手袋(キツネノテブクロ)　出まわり期●5〜8月(最盛期は5〜6月)　開花期間●5日〜1週間程度　カラー●淡紅紫、白

ギリシャ神話に、夫婦げんかをしたゼウスが、妻のヘラが遊んでいたサイコロを投げ捨てた所にこの花が生えたと言われ、これが花言葉の由来かもしれません。

シクラメン

遠慮
気後れ

科・属名●サクラソウ科シクラメン属　英名●Florist's cyclamen　和名●篝火花(カガリビバナ)　出まわり期●10〜5月(最盛期は11〜12月)　開花期間●5日〜1週間程度　カラー●赤〜ピンク、黄〜オレンジ、白、褐色

ヨーロッパでは、シクラメンの地下茎を豚が掘って食べることから「豚のパン」と呼ばれています。日本でも「豚の饅頭(まんじゅう)」の別名があります。

サルスベリ

雄弁
饒舌（じょうぜつ）

樹皮がツルツルしてサルでも滑りそうなところからこの名があります。夏の盛りに長い間咲き続けるので、百日紅（ひゃくじつこう）とも呼ばれています。

科・属名●ミソハギ科サルスベリ属（サルスベリ）　英名●Crape myrtle　和名●猿滑（サルスベリ）　出まわり期●6〜10月（最盛期は7〜8月）　開花期間●3か月程度　カラー●淡紅、白、淡紫

サルビア

尊敬
尊重

中世には寿命を延ばし、厄を防ぐと信じられていたことから「尊敬」の花言葉が生まれたのでしょう。ハーブのセージもサルビアの一種です。

科・属名●シソ科サルビア属　英名●Sage, Clary　和名●緋衣草（ヒゴロモソウ）　出まわり期●4〜11月（最盛期は5〜10月）　日もち●2〜3日程度　カラー●赤〜ピンク、青〜紫、白

サワギキョウ

敵意

日本の山野の湿った場所に自生し、美しい花を咲かせます。同属のセイヨウミゾカクシがサワギキョウとして出まわることもあります。

科・属名●キキョウ科ロベリア属（サワギキョウ）　英名●Lobelia　和名●沢桔梗、サワギキョウ　出まわり期●周年（最盛期は5月）　日もち●5日〜1週間程度　カラー●青紫

コブシ
愛らしさ

つぼみの形が子どもの握りこぶしのような形をしていることからこの名が付けられ、花言葉もそこに由来するようです。また、つぼみには薬効もあります。

科・属名●モクレン科モクレン属（コブシ）　英名●Kobusi magnolia　和名●辛夷　出まわり期●3〜5月（最盛期は3〜4月）　日もち●4日〜1週間程度　カラー●白

サザンカ
赤／あなたがもっとも美しい
白／あなたは私の愛を退ける
ピンク／永遠の愛

寒い冬でも、ひときわ鮮やかに咲いているサザンカ。日本原産の種で、江戸時代に長崎の出島にいた医師がもち帰り、サザンカがそのまま英名にもなりました。

科・属名●ツバキ科ツバキ属（サザンカ）　英名●Sasanqua camellia　和名●山茶花　出まわり期●10〜2月（最盛期は12月）　日もち●5日〜1週間程度　カラー●赤〜ピンク、白、褐色

サフラン
調子にのらないで

花名はアラビア語で黄色を意味する「ザファラン」が語源で、古代ギリシャの時代から今にいたるまで、乾燥させた雌しべを染料や香料、薬用に用いています。

科・属名●アヤメ科クロッカス属（サフラン）　英名●Saffron crocus　和名●泪夫藍　出まわり期●10〜11月（最盛期は11月）　開花期間（株）●5日〜1週間程度　カラー●淡紫色

コ

クロッカス
青春の喜び

クロッカスはサフラン（→P125）のギリシャ語に由来し、ヨーロッパでは古くから春の訪れを告げる花として親しまれ、春サフランとも呼ばれます。

科・属名●アヤメ科クロッカス属　英名●Crocus　和名●花泪夫藍（ハナサフラン）　出まわり期●2〜3月（最盛期は3月）　開花期間（一株）●10日程度　カラー●黄、紫、白

クロユリ
呪い
恋

ユリと花の形が似ているけれども別属のこの花は、珍しい花色と強烈な香りで「魔性の花」のイメージがあるため、この花言葉になったのでしょう。

科・属名●ユリ科フリティラリア属　英名●Fritillary, Kamchatka lily, Black sarena　和名●黒百合（クロユリ）　出まわり期●5〜6月（最盛期は5月）　日もち●3〜5日程度　カラー●黒紫（ミヤマクロユリは黒褐色）

コチョウラン
純粋な愛
豊穣（ほうじょう）

白く大きな花の姿が、蝶が舞うようであるところから胡蝶蘭（ちょうらん）の名があり、その気高い姿や花言葉からウェディングにも人気の高い花です。

科・属名●ラン科ファレノプシス属（コチョウラン）　英名●Moth orchid　和名●胡蝶蘭　出まわり期●周年　日もち●10〜15日程度　カラー●白

キンセンカ

悲しみ
寂しさ

花言葉は、水の精・クリティが太陽神・アポロンへの悲恋によって、この太陽のような形の花に変わったという伝説が元になっているようです。

科・属名 ● キク科キンセンカ属　英名 ● Common marigold, Pot marigold　和名 ● 金盞花（キンセンカ）　カラー ● 黄、オレンジ　出まわり期 ● 10〜5月（最盛期3〜4月）　日もち ● 3日〜1週間程度

キンモクセイ

謙虚
慎み深さ

秋に強い芳香をもつ花を咲かせるキンモクセイ。花言葉の由来は、この甘い香りに反して花が小さく目立たないことからきているといわれます。

科・属名 ● モクセイ科モクセイ属　英名 ● Fragrant olive　和名 ● 金木犀（キンモクセイ）　カラー ● 黄橙　出まわり期 ● 9〜10月（最盛期は9月）　開花期間 ● 10日程度

クチナシ

この上なく幸福

アメリカでは、男性が女性をダンスパーティに誘うときにこの花を贈るそうですが、花言葉は誘われた女性の気持ちなのかもしれません。

科・属名 ● アカネ科クチナシ属　英名 ● Cape jasmine, Common gardenia　和名 ● 山梔子（クチナシ）　出まわり期 ● 6〜7月（最盛期は6月）　日もち ● 2〜4日程度　カラー ● 白

キ

キキョウ

愛着
深い愛情

中国では古くから根を漢方薬として用いてきました。また『万葉集』に詠われた秋の七草の「あさがお」はキキョウのことだといわれています。

科・属名●キキョウ科キキョウ属　英名●Balloon flower, Chinese bellflower　和名●桔梗(キキョウ)　出まわり期●6〜9月(最盛期は6〜7月)　日もち●3〜5日程度　カラー●紫・青紫、白

ギボウシ

冷静
献身

江戸時代から観賞用に栽培され、つぼみが宝珠の形に似ていることから擬宝珠の和名があります。若葉(山菜のうるい)やつぼみは食用にもなります。

科・属名●ユリ科ギボウシ属　英名●Day lily, Plantain lily　和名●擬宝珠(ギボウシ)　出まわり期●周年(最盛期は5月)　日もち(一株)●1〜3週間程度(毎日一花ずつ咲き、各1日程度)　カラー●藤紫、白

キョウチクトウ

警戒
用心

葉が笹(竹)、花が桃に似ているため、夾竹桃の名があります。葉や樹皮には薬効がある一方で、有毒成分も含むため、この花言葉がついたのでしょう。

科・属名●キョウチクトウ科キョウチクトウ属　英名●Common oleander, Rosebay　和名●夾竹桃(キョウチクトウ)　出まわり期●6〜9月(最盛期は7〜8月)　開花期間●4〜5日程度　カラー●ピンク、白など

カトレア
魔力／魅惑的

さまざまな品種が栽培されていますが、大きく華麗な花が多いことから「ランの女王」と呼ばれ、花言葉もそれにふさわしいものとなっています。

- 科・属名●ラン科カトレア属　英名●Cattleya　和名●カトレア　出まわり期●周年（最盛期は10～12月）　日もち●1週間～10日程度　カラー●赤～ピンク、オレンジ～黄、青～紫、白、緑など

カモミール
逆境で生まれる力

江戸時代に入ってきたこの花は、地面を這うように生え、繁殖力が強く、踏まれれば踏まれるほどよく育つことからこの花言葉があるのでしょう。

- 科・属名●キク科マトリカリア属　英名●Sweet false chamomile　和名●カモマイル　出まわり期●5～7月　開花期間（一株）●4～5日程度　カラー●白、黄

カンナ
快活／上機嫌

コロンブスのアメリカ大陸到達後、最初にヨーロッパにもたらされた植物の一つで、日本には江戸時代初頭に原種の一種が渡来しました。

- 科・属名●カンナ科カンナ属　英名●Canna　和名●カンナ　出まわり期●7～10月（最盛期は7月）　開花期間●1週間以上　カラー●赤、黄

オシロイバナ

遠慮
恥じらい

「午後四時」「夜の美人」といった別名をもち、昼間を避けて短時間だけ咲くこの花の特性を、花言葉の「遠慮」とともに表しています。

科・属名●オシロイバナ科オシロイバナ属　英名●Four o'clock, Marvel of peru　和名●白粉花（オシロイバナ）　出まわり期●7～10月（最盛期は8～9月）　開花期間（一株）●1～3か月程度　カラー●赤、黄、紫、白

オミナエシ

優しさ
忍耐

女郎花の文字に女性らしさが表れているように、野山に自生する、その女性らしい姿が「優しさ」といった花言葉になったのでしょう。

科・属名●オミナエシ科オミナエシ属　英名●Patrinia　和名●女郎花（オミナエシ）　出まわり期●6～10月（最盛期は8～9月）　日もち●5日～1週間程度　カラー●黄

オルニトガルム

純粋
清らかさ

一般的に出まわっているオルニトガルム・ティルソイデスは美しい白い花と清楚な佇まいで、花言葉の意味からもウェディングフラワーとしても人気です。

科・属名●ユリ科オルニトガルム属　英名●African wonder flower, Star of bethlehem　和名●オルニトガルム　出まわり期●3～5月（最盛期は5月）　日もち●1週間～10日程度　カラー●白

ウスベニアオイ

魅力的
穏やか

科・属名●アオイ科ゼニアオイ属　英名●Common mallow　和名●薄紅葵（ウスベニアオイ）　出まわり期●5〜8月（最盛期は5月）　開花期間（一株）●5日〜2週間程度　カラー●ピンク〜白

乾燥させた花に熱湯を注ぐと鮮やかな青〜紫から黄に、さらにレモン汁などの酸を加えるとピンク色になるという、「魅力的」な変化を楽しめます。

ウスベニタチアオイ

善行
恩恵

科・属名●アオイ科アルタエア属　英名●Marsh mallow、White mallow　和名●薄紅立葵（ウスベニタチアオイ）　出まわり期●周年（最盛期は5月）　開花期間（一株）●5日〜2週間程度　カラー●薄紅、白

根の粉末が咳止め用のトローチの原材料になるなど、古くから薬効があることが知られ、これが花言葉の「善行」や「恩恵」の由来なのかもしれません。

エリカ

孤独
寂しさ

科・属名●ツツジ科エリカ属　英名●Heath　和名●蛇の目エリカ（ジャノメエリカ）　出まわり期●6〜7月、10〜11月、1〜3月　日もち●10日程度　カラー●ピンク〜赤、黄〜オレンジ、白、緑

「荒野」を意味するHeath（ヒース）という英名をもちます。花言葉や英名のとおり、ヨーロッパでは「孤独」や「寂しさ」に包まれた荒野に自生しています。

アヤメ
よい便り

科・属名●アヤメ科アイリス属　英名●Siberian iris　和名●菖蒲、文目（ともにアヤメ）　出まわり期●5～6月　開花期間●2～3日程度　ラー●紫

ギリシャ神話の神と神の間を行き来する伝令神・イリスにちなんで花言葉がついたようですが、「文目（あやめ）」という漢字にもそれが表れています。

アルメリア
思いやり
共感

科・属名●イソマツ科アルメリア属　英名●Sea pink, Thrift　和名●浜簪（ハマカンザシ）　出まわり期●3～5月　開花期間●2～5日程度　ラー●薄ピンク～紫紅色、白

アルメリアは、ケルト語で「海に近い」という意味をもち、英名のSea pinkや和名の浜簪（はまかんざし）など、いずれも海に関係する名がついています。

イベリス
無頓着（むとんちゃく）
無関心

科・属名●アブラナ科イベリス属　英名●Candytuft　和名●曲がり花、屈曲花（ともにマガリバナ）　出まわり期●4～6月　日もち●5日程度　ラー●白

スペインに多く自生し、名はスペインの旧名であるイベリアにちなんでつけられました。向日性が強く、茎が曲がりやすいため、和名は曲がり花（まがりばな）といいます。

アゲラタム

信頼
安心感

アゲラタムは「老いない」という意味のギリシャ語に由来し、花が長く色あせないことからきたもので、花言葉の「安心感」もここからきたのでしょう。

科・属名●キク科アゲラタム属　英名●Flossflower, Mexican ageratum　和名●大霍香薊（オオカッコウアザミ）　出まわり期●6〜10月　開花期間（一株）●5日〜1週間程度　カラー●赤紫〜青紫、白

アサガオ

気取り
てらい

古くは『万葉集』にもその名が見えるアサガオですが、もともとは漢方薬として平安時代に中国から伝わりました。現在では多くの改良品種があります。

科・属名●ヒルガオ科アサガオ属　英名●Japanese morning glory　和名●朝顔（アサガオ）　出まわり期●5〜8月　開花期間（一株）●1〜3か月程度（一つの花は1日）　カラー●薄ピンク〜赤、青〜青紫、白

アスクレピアス

解放してください

ギリシャの医神やローマの名医の名が由来とされ、古くから薬として使われていたため、痛みからの「解放」という花言葉になったのでしょう。

科・属名●ガガイモ科アスクレピアス属　英名●Butterfly milkweed, Butterfly weed　和名●柳唐綿（ヤナギトウワタ）　出まわり期●5〜9月　日もち●5日〜1週間程度　カラー●オレンジ、赤、黄

ア

アツメクサ

勤勉

科・属名●マメ科トリフォリウム属　英名●Red clover　和名●赤詰草（アカツメクサ）　紫詰草（ムラサキツメクサ）　出まわり期●5〜9月（最盛期は7月）　開花期間●1週間程度　カラー●淡紅

ヨーロッパなどでは薬草としても利用されていました。日本には明治時代に渡来して帰化植物となり、今では全国各地で見ることができます。

アカンサス

美術
術策
技巧

科・属名●キツネノマゴ科アカンサス属　英名●Bear's breeches　和名●葉薊（ハアザミ）　出まわり期●6〜9月（最盛期は6月）　開花期間（一株）●5〜10日程度　カラー●白、薄ピンク〜薄紫

アカンサスの美しい葉は生命力の象徴とされ、「美術」「技巧」の花言葉の通り、ギリシャのコリント様式の柱や、日本の一万円札の縁にも用いられています。

アキノキリンソウ

用心
警戒

科・属名●キク科ソリタゴ属　英名●Golden rod、Yellow weed　和名●秋の麒麟草（アキノキリンソウ）　出まわり期●8〜11月　日もち●5〜10日程度　カラー●黄

属名のソリタゴは、ラテン語の solidus（完全な）と ago（導く）に由来します。生薬に使われることから、この花言葉になったと思われます。

Part 2
道ばたや庭に咲く花の花言葉

ここではおもに道ばたや庭に咲く花の、花名や花言葉の由来などを紹介しています。これらを知ることで、いつも見ていた身近な花たちへの理解がいっそう深まることでしょう。友達や家族と外を歩きながら、由来を話してみるのも楽しいかもしれません。

COLUMN

アレンジに使えるグリーン

グリーンを花に添えることで、アレンジをより華やかにすることができます。

アイビー
ウコギ科ヘデラ属。葉の大きさは4cm前後。斑入りのものや、葉の形にもバリエーションがある。周年手に入る。

ハラン
ユリ科ハラン属。長さ50cm前後。光沢のある深い緑の葉で、斑入りの品種もある。周年手に入る。

グリーンスケール
イネ科コバンソウ属。高さ70〜80cm。米の稲のように穂をつけ、初夏〜盛夏に出まわる。

ミスカンサス
ユリ科ヤブラン属。長さ60cm前後。別名リリオペとも呼ばれ、斑入りのものもある。周年手に入る。

ゲイラックス
イワウメ科ガラクス属。幅5〜8cm程度。じょうぶでつやのある濃い緑の葉で、周年手に入り、赤く紅葉したものもある。

レモンリーフ
ツツジ科ゴーセリア属。葉の幅は5cm前後。レモンの形に似ていることからこの名があり、周年手に入る。

Arrange

1 器を複数用意して、水を張る。

2 器の2倍の長さで切り分ける。中央の器から挿すとバランスが取れる。

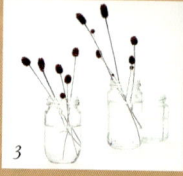

3 手前の器には1.5倍の長さ、奥の器はさらに短く切り、高低つけて器に挿す。

ワレモコウ

物思いにふける、移ろい

※古くから止血剤として有名

吾木香の名は、この花の茎や葉に香りがあることから名づけられました。漢方では地楡と呼ばれ、根を乾燥させて止血や去痰に使用されています。属名も「血」と「飲み込む、吸う」という意味のラテン語に由来し、この属の植物が古くから止血剤に使用されていたことにちなみます。花びらのように見えているのは萼で、本当の花弁は退化してしまっています。花は上から下に向かって順に咲くことから、「移ろい」の花言葉が生まれたのかもしれません。

科・属名●バラ科ワレモコウ属
英名●Burnet blood wort
和名●吾亦紅、吾木香（ともにワレモコウ）
出まわり期●7〜10月（最盛期は9月）
日もち●1週間以上
カラー●暗紫色

科・属名●ムラサキ科ワスレナグサ属
英名●Forget me not
和名●勿忘草、忘れな草
(ともにワスレナグサ)
出まわり期●3〜5月
(最盛期は4月)
日もち●2〜5日程度
カラー●ピンク、青〜紫、黄、白

ワスレナグサ

真実の愛、私を忘れないで

恋人に伝えた最期の思い

ハツカネズミの耳のような形をした葉をもつことから、属名はギリシャ語の「ハツカネズミ」と「耳」に由来します。「サソリ」を意味する学名ももち、花のついた茎が丸く巻いている様子からつけられたそうです。ドイツには、恋人とドナウ川河畔を散策していた騎士が、上流から流れてきたこの花を見つけ、恋人のために取ろうと川に入ったものの流れが早く、「私を忘れないで」と叫び、花を恋人に投げると流されてしまったという伝説があります。

レンギョウ

予測、期待

※漢方の生薬としても有名

春先に、細い枝にたくさんの黄色い花を咲かせます。庭木や切り花として用いられていますが、この実を乾燥させたものは漢方でも「連翹(れんぎょう)」と呼ばれ、古くから消炎、利尿、解毒、鎮痛作用のある生薬として利用されてきました。「期待」という花言葉はそのことに由来するのでしょうか。日本にもヤマトレンギョウと呼ばれる自生種がありますが、一般に出まわっているのはレンギョウとシナレンギョウを交配させたドイツレンギョウと呼ばれるものです。

科・属名●モクセイ科レンギョウ属
英名●Golden bells, Golden bell flower
和名●連翹(レンギョウ)
出まわり期●3〜4月(最盛期は4月)
日もち●4〜5日程度
カラー●黄金色

Arrange

1 花のかたまりごとに切り分ける。

2 離れて咲く花は、取り除いておく。

3 束ねて輪ゴムでまとめ、器から花が出る長さに切り揃えて、水を張った器に入れる。

科・属名●リンドウ科リンドウ属
英名●Gentian
和名●竜胆(リンドウ)
出まわり期●9〜11月(最盛期は9月)
日もち●5〜10日程度
カラー●青紫〜紫紅、白

リンドウ

苦悩、悲嘆にくれるあなた

＊東西で薬効が知られた花

ヨーロッパでは、この花の薬効を発見したと伝えられるアドリア海沿岸のイリリア国王ゲンティウスにちなむGentiana（ゲンティアナ）の属名をもち、中国でもこの属の植物は古くから竜胆という生薬として有名です。日本では、役行者と呼ばれた役小角が山奥で、病気の主人のためにリンドウを掘るウサギに出会い、小角も試しにもち帰って病人に飲ませたところ、すぐれた薬効があったという話が日光の「二荒縁起」に伝わります。

Arrange

1 ペン入れに水を張った器を入れ、マスキングテープを十字に貼る。

2 花とつぼみ、葉を切り分ける。

3 葉と花を挿し、つぼみを一番高くなるように入れて、形を整える。

科・属名●キンポウゲ科ラナンキュラス属
英名●Garden ranunculus, Persian buttercup
和名●ラナンキュラス
出まわり期●4〜5月(最盛期は4月)
日もち●3日〜1週間程度
カラー●赤〜ピンク、黄〜オレンジ、薄紫〜紫、白

ラナンキュラス
とても魅力的

※品種改良でボリュームアップ

湿地を好み、カエルが棲むような場所に生えることから、属名はカエルを意味するラテン語lanaに由来します。幾重にも重なった花びらが華やかで、その姿から花金鳳花（はなきんぽうげ）の別名をもちますが、原種は一重で鮮黄色の5弁の花です。十字軍がヨーロッパにもち帰り、その後の品種改良によって、現在のような豊富な色とボリュームのある万重咲き（まんえざき）の種が生まれました。花言葉は、絹のような肌触りの花びらがとても魅力的なことからつけられたそうです。

科・属名●モクセイ科シリンガ属
英名●Common lilac
和名●紫丁香花(ムラサキハシドイ)
出まわり期●4～5月(最盛期は4月)
日もち●5～10日程度
カラー●赤～ピンク、黄～オレンジ、
青～紫、白

ライラック
謙虚

＊北国に春を告げる甘い香り

ライラックはシリンガ属を指す英名で、一般にはシリンガ・ウルガリスを指します。甘い芳香があり、日本では同じモクセイ科のハシドイが自生することから、花の色をとって紫丁香花の名があります。仏名のリラとも呼ばれ、冷涼地を好むため、北海道などでは春を告げる花となっています。ハート型の葉に、通常4枚の花びらをつけますが、5枚になっている花を見つけて黙って飲み込むと、愛する人が永遠に離れないという伝説があります。

ラークスパー

陽気、快活

＊鳥にたとえられる一年草

ヒバリの蹴爪(けづめ)を意味する英名のLarkspurや和名の飛燕草(ひえんそう)など、花の姿を鳥にたとえた名をもつラークスパー。かつてはデルフィニウム属と同属だったため、現在でもデルフィニウムと合わせてラークスパーと呼ぶことがありますが、一年草のラークスパーに対し、デルフィニウムは多年草です。細かく裂けた葉が特徴的で、園芸品種には八重の花が密生するヒヤシンス咲きのものもあります。比較的寒さに強く、こぼれ種でも翌年開花する元気な種です。

科・属名●キンポウゲ科
コンソリダ属
英名●Larkspur, Rocket larkspur
和名●飛燕草(ヒエンソウ)
出まわり期●周年
(最盛期は5月)
日もち●3日〜1週間程度
カラー●赤〜ピンク、
青〜藤色、白

Arrange

1 花とつぼみ、葉を切り分ける。花のすぐ下の葉は、片葉だけを切ってもよい。

2 水を張ったボウルに花と葉を入れる。花びらがぶつかって折れないように注意。

3 残ったつぼみと葉は、花を留めるように挿す。

科・属名●ユリ科ユリ属
英名●Lily
和名●百合(ユリ)
出まわり期●周年
(最盛期は6〜7月)
日もち●1週間〜10日
カラー●赤〜ピンク、
黄〜オレンジ、白、緑など

ユリ

純粋さ、愛らしさ

※母性の象徴である純白の花

ギリシャ神話には、ゼウスが息子のヘラクレスに眠っている妻ヘラの乳を飲ませたところ、ヘラクレスの口からあふれた乳が地上にこぼれてユリになった、という伝説があります。このため、ユリはヘラの花といわれて清純や母性の象徴とされ、さらには聖母マリアの処女性を象徴する花としてマドンナリリーと呼ばれるようになりました。ユリの和名は、風で花が揺れる様子から「揺すり」の「す」がつまったものといわれていますが、定かではありません。

ユキヤナギ

愛情、自立

※早春の庭に咲く雪の花

柳のように細長い枝に咲く白い小花が、季節外れの早春に降り積もった雪のように見えることからこの名があります。原産地の中国や日本では岩地に自生するため、古くは「岩柳」と呼ばれていました。花言葉は、こうした厳しい環境でも立派に「自立」した子どもに育つようにと願う親の「愛情」を表しているのかもしれません。花だけでなく、その枝ぶりや紅葉など、一年を通して楽しめることから、庭木としてもよく用いられています。

科・属名●バラ科シモツケ属
英名●Thunberg spirea
和名●雪柳（ユキヤナギ）
出まわり期●3〜4月
（最盛期は4月）
日もち（一枝）●1週間程度
カラー●白

科・属名●キク科ケンタウレア属
英名●Cornflower, Bachelor's button, Knapweed
和名●矢車菊(ヤグルマギク)
出まわり期●4〜6月(最盛期は5月)
日もち●5日程度
カラー●赤〜ピンク、青〜紫、白

ヤグルマギク

優美、上品、華奢(きゃしゃ)

＊薬や魔除けに使われた花

ヨーロッパでは古くから薬草として用いられ、ギリシャ神話に登場する、半人半馬のケンタウルス族の賢人・ケイロンもこの花を薬草として用いたといわれています。そのため、属名のケンタウレアはケンタウロスに由来します。古代エジプトでは青い花が魔除けとされ、ツタンカーメン王の棺の中にも、この花が残されていたそうです。日本では、端午の節句が近づくと開花し、花の形が鯉のぼりの先端につける矢車に似ていることから、この和名があります。

科・属名 ●バラ科モモ属
英名 ●Peach
和名 ●桃(モモ)
出まわり期 ●3〜4月(最盛期は4月)
日もち ●3〜4日程度
カラー ●ピンク、赤、白

モモ

私はあなたの虜(とりこ)です、長命、女性のやわらかさ

※絹(シルクロード)の道を渡った長寿の霊薬

原産地の中国からペルシャを経由して、紀元前3〜4世紀にはギリシャに伝わり、かつては「ペルシャのリンゴ」という意味の属名がありました。persica(ペルシカ)という現在の種小名にもその名残(なごり)が見られます。

日本でも弥生時代の出土品の中から種子が見つかっており、古くからその実は食用に、花や種子は漢方薬に利用されてきたことがわかります。また、女性の性のシンボルや、不老不死の霊薬とされていたことが、花言葉の由来のようです。

ムスカリ

失望、悲嘆

※濃青色がどこか悲しげな花

属名は、麝香(じゃこう)を意味するギリシャ語の moschos に由来し、その名のとおり強い芳香をもつ品種もあります。ヒヤシンスに近い仲間で、地面近くに花をつける草丈の低さが特徴です。ツボのような形をした小さな花がびっしりと並んだ様子は、ブドウを逆さにしたようにも見え、英名ではグレープヒヤシンスとも呼ばれています。白や黄色も出まわっていますが、「失望」「悲嘆」といった悲しげな花言葉は、この花の原種の青色からきているといわれています。

科・属名●ユリ科ムスカリ属
英名●Grape hyacinth
和名●ムスカリ
出まわり期●3〜5月
（最盛期は4月）
日もち●5日〜1週間程度
カラー●青〜紫、黄、白

Arrange

1
茎は根元側の、曲がらないくらい堅い部分を切る。

2
切った先から少しずつ曲げてしならせる。

3
輪にして、先を2cmくらい重ね、ラフィアなど自然素材のひもを巻いて結ぶ。

科・属名●マメ科アカシア属
英名●Mimosa, Silver wattle
和名●房(フサ)アカシア、銀葉(ギンヨウ)アカシア
出まわり期●12〜3月
日もち●1週間程度
(一つの花は1日)
カラー●黄

ミモザアカシア

秘められた愛、友情

＊ミモザとなったアカシア

ミモザの名は本来、同じマメ科で日本ではオジギソウと呼ばれるミモザ属のミモサ・プディカを指していました。ところが、イギリスで南フランスから輸入されるフサアカシア(アカシア・デアルバタ)の花をミモザと呼んだため、現在ではフサアカシアや葉が銀灰色のギンヨウアカシア(アカシア・バイレヤナ)も指しています。イタリアでは3月8日を「ミモザの日」と呼び、日頃の感謝の気もちを込めて男性が身近な女性にこの花を贈る習慣があります。

Arrange

1 花と葉に分ける。

2 茎についている細かい葉を取り除く。

3 水を張った器に花を挿し、葉を添える。

マリーゴールド

羨望、嫉妬心

※太陽神に憧れた乙女の思い

ギリシャ神話では、太陽神・アポロンに憧れ、その姿を見ることだけを生きがいにしていた乙女・カルタが恋に焦がれて魂となったとき、毎日彼女が日の出を待っていた場所にこの花が咲いていたといわれています。花言葉の「羨望」も、このカルタの思いを伝えているようです。

多くの園芸品種がありますが、現在の主流は、大きく分けて大型で大輪のアフリカン・マリーゴールドと、小柄で開花期間の長いフレンチ・マリーゴールドの2つの系統です。

科・属名●キク科タゲテス属
英名●African marigold, French marigold
和名●孔雀草（クジャクソウ）
出まわり期●4～11月（最盛期は5～9月）
日もち●5～10日程度
カラー●黄～オレンジ、白

Arrange

1 器に好きなアクセサリーを巻きつけて飾り、水を張る。

2 花とつぼみ、葉を切り分けて、葉を先に挿す。

3 つぼみと花を挿す。つぼみは花より高くすると、バランスがよい。

科・属名●キク科キク属
英名●Marguerite, Paris daisy
和名●木春菊(モクシュンギク)
出まわり期●1〜5月(最盛期は3〜5月)
日もち●1週間程度
カラー●白、淡紅、黄

マーガレット

信頼、真実の愛

＊真珠の名をもつ女神の花

ギリシャ語で「真珠」を意味するmargarites(マルガリーテス)の名をもつマーガレット。古代ギリシャでは、女性の守護神・アルテミスに捧げる花だったため、西洋では女神にあやかった女性名としても用いられています。「真実の愛」という花言葉も、女性が求める最高の幸せということでつけられたのでしょう。黄色やピンク、八重咲き、丁子咲きのものもあります。木春菊という和名は、葉の形が同属のシュンギクに似ていることからきています。

Arrange

1
2～3本を、それぞれ高さを変えてもつ。

2
茎にリボンを巻いて、しばる。

3
器からリボンが出るくらいの長さに切って、水を張った器に入れる。

科・属名●ケシ科ケシ属
英名●Auctic poppy, Iceland poppy
和名●芥子(ケシ)
出まわり期●3〜5月
日もち●3日程度
カラー●橙紅からピンク、黄〜オレンジ、白

ポピー

白／眠り、赤／慰め

※眠りの神の癒しの花

ペーパーフラワーのような薄い花びらでカラフルな色のポピー。広義にはヒナゲシやオニゲシも含まれますが、一般的にポピーの名で出まわる多くはシベリア原産のアイスランドポピーです。別名のシベリアヒナゲシは、この花が、18世紀に北極探検隊によってシベリアで発見されたことに由来します。ギリシャ神話では、眠りの神・ソムヌアヌが、豊饒の神・デメテルの疲れを癒して豊作をもたらすためにつくった花といわれ、花言葉もこの伝説にちなみます。

Arrange

1 小さめの花器に水を入れ、本を立てて隠す。

2 水につかる部分の葉を取っておく。

3 高低差をつけるように、バランスを見て、花を挿す。

科・属名●キク科カルタスム属
英名●Bastard saffron,Safflower
和名●紅花(ベニバナ)
出まわり期●7〜8月(最盛期は7月)
日もち●5日程度
カラー●赤、黄〜オレンジ、白

ベニバナ

寛大、雅量(がりょう)に富む

＊『源氏物語(げんじものがたり)』にも登場

近年は、種子から採った油が食用油として注目されているベニバナですが、かつては花を紅の染料としてよく利用していたため、この名があります。また、咲いた花の末の方から摘みにするために、花の末の方から摘みとっていくことから末摘花(すえつむはな)の別名をもちます。末摘花といえば、『源氏物語』に登場する「鼻の赤い(=ベニバナ)」姫のことが有名ですが、光源氏(ひかるげんじ)に忘れられても一途に待ち続けた末摘花の姿にちなんで「寛大」の花言葉があるのかもしれません。

フリージア

優雅、天真爛漫

＊香りを楽しむには白い花を

南アフリカでこの花を発見したデンマークの植物学者エクロンが、親友のドイツ人医師フリーゼの名をつけて紹介したことが、花名の由来といわれています。原種の花色は白か黄で、それ以外の色は交配種か改良種です。白い花は強い芳香を放つ一方、色のあるものは香りが弱いのが特徴です。日本で、明治時代の末頃から小笠原諸島で栽培されていましたが、現在は八丈島が中心となっています。葉の形が水仙に似ていることから、浅黄水仙の和名をもちます。

科・属名●アヤメ科フリージア属
英名●Freesia
和名●浅黄水仙（アサギスイセン）
出まわり期●12〜6月（最盛期は3月）
日もち●1週間程度
カラー●赤〜ピンク、黄〜オレンジ、青〜紫、白

科・属名●ユリ科ヒヤシンス属
英名●Hyacinth, Common hyacinth, Dutch hyacinth
和名●風信子(ヒヤシンス)
出まわり期●12〜5月(最盛期は2〜3月)
日もち●4日〜1週間程度
カラー●赤〜ピンク、黄〜オレンジ、青〜紫、白

ヒヤシンス

スポーツ、ゲーム
紫／悲しみ、青／変わらぬ愛、赤／嫉妬、
白／控えめな愛らしさ

✻ 美少年の名をもつ美しい花

16世紀にこの花がヨーロッパに伝わると、オランダなどを中心に品種改良が進み、かつては2000もの園芸品種があったといわれています。現在はダッチ・ヒヤシンスなど50種ほどが栽培されています。ギリシャ神話には、太陽神・アポロンと西風神・ゼヒュロスの寵愛を受け、ゼヒュロスの嫉妬により命を落とした美少年・ヒアキントスの話があります。彼の血に染まった草むらから紫のヒヤシンスが咲いたといわれ、紫の花言葉の由来ともなっています。

科・属名●キク科ヒマワリ属
英名●Common sunflower, Mirasol
和名●向日葵(ヒマワリ)
出まわり期●4〜8月
日もち●5日程度
カラー●黄、オレンジ、茶

ヒマワリ

憧れ、崇拝

＊夏を彩る太陽のシンボル

大航海時代、コロンブスによってヨーロッパに紹介され、当時は花の形から「インディアンの太陽」「ペルーの黄金の花」と呼ばれていました。太陽信仰が盛んだった古代インカでは、太陽神のシンボルと見なして、神聖な花として崇拝したといわれ、現在でもペルーの国花となっています。種を食用にしたり、油にしたりする地域もあります。漢字で向日葵と書くように、花が太陽を追ってまわるイメージがありますが、実際にまわるのはつぼみのときだけです。

パンジー

考え、思い

❋ 思慮深い名をもつ3色の花

多くの園芸品種があるパンジーですが、そのはじまりは、19世紀に野生のサンシキスミレとその他2種を交配させて生まれたものだといわれています。ヨーロッパでは昔からスミレ属の花が栽培されていました。花名は、フランス語の「パンセ」(物思う)に由来し、花の様子が物思いにふける人の顔を連想させることからきているといわれ、花言葉もここからついたようです。日本では、花の形が蝶の飛んでいる様子に似ているとして遊蝶花とも呼ばれます。

科・属名●スミレ科スミレ属
英名●Garden pansy
和名●三色菫(サンシキスミレ)
出まわり期●10〜6月
(最盛期は10〜12月、2〜3月)
日もち●3日〜1週間
カラー●赤〜ピンク、
黄〜オレンジ、青〜紫、白、茶、
黒、紫・黄・白の3色

Arrange スプレーバラを使用

1 花が器から出るくらいの長さに切り分ける。

2 つぼみや咲き切っていない花は、少し飛び出るように挿すと、バランスがよい。

3 葉は余分なものを除いて双葉の状態にし、除いた葉は水に入れ、双葉は器のへりに沿うように挿す。

83

科・属名 ●バラ科バラ属
英名 ●Rose
和名 ●薔薇(バラ)
出まわり期 ●周年(最盛期は6月)
日もち ●3日〜1週間
カラー ●赤〜ピンク、黄〜オレンジ、青〜紫、白、緑、茶など

バラ

愛
真紅／無垢で愛らしい、白／少女時代、黄／嫉妬深い

＊完璧に美しい花の女王

紀元前2000年以前にはすでに栽培がはじまっていたといわれるほどの歴史をもち、バビロニアの叙事詩にも詠われています。19世紀にフランスではじまった品種改良により、現在では1万5000種以上もの園芸品種があるといわれています。

ギリシャ神話では、オリンポスの神々が美の女神・アフロディテの誕生を祝って創造した花ともいわれるように、完璧な美しさをもつアフロディテの花として「花の女王」とも呼ばれ、美と愛の象徴とされています。

バイモ

追放

※漢方薬にもなる中国産の花

球根の形が二枚貝の殻の形に似ているため、原産地の中国で「貝母」という名がつけられ、日本ではこの漢字を音読みしています。地下茎は、咳や痰、解熱などに効果があることで知られ、日本へもはじめは漢方薬として紹介されました。平安時代の法典『延喜式』にもその名は記されているものの、実際に渡来したのは江戸の享保年間といわれています。花びらの内側が網目模様になっていることから編笠百合(あみがさゆり)という別名もつけられました。

科・属名●ユリ科フリティラリア属
英名●Fritillary
和名●貝母（バイモ）
出まわり期●3〜5月
日もち●3〜5日程度
カラー●薄緑、紫

ネリネ

またの機会に

※水の妖精の名をもつ花

光沢のある花びらの先端が反り返り、光に当たると宝石のように美しく輝いて見えることから、英名では Diamond lily（ダイヤモンド・リリー）と呼ばれています。南アフリカ原産ですが、おもにイギリスで品種改良が行われ、日本には大正時代に渡来しました。ネリネの名は、ギリシャ神話に登場する美しい水の妖精・ネーレーイスにちなみます。花言葉はまるで、海底の宮殿で優雅な時間を過ごしていた娘たちが、男性からの誘いを断る常套句のようです。

科・属名●ヒガンバナ科ネリネ属
英名●Diamond lily
和名●ネリネ
出まわり期●周年
日もち●1週間程度
カラー●赤〜ピンク、黄〜オレンジ、白

科・属名●キンポウゲ科クロタネソウ属
英名●Love in a mist,
Devil in a bush, Wild fennel
和名●黒種草(クロタネソウ)
出まわり期●5〜6月(最盛期は5月)
日もち●3〜5日程度
カラー●ピンク〜紫、白

ニゲラ

困惑、当惑

※花、実、種も楽しめる

黒い種をつけるため、ラテン語の「黒」に由来する属名をもち、和名でも黒種草(くろたねそう)と呼ばれます。種にはニンニクのような芳香があり、インドやエジプトでは香辛料としてもポピュラーな存在です。細く、繊細な葉が特徴的ですが、花のあとにできる実もユニークな形をしており、こちらもフウセンポピーの名でドライフラワーとして出まわっています。「霧の中の恋」や「茂みの悪魔」といった英名もあり、花言葉はこうした呼び名から生まれたのかもしれません。

ナノハナ

快活、明るさ

※**明るい黄色が春を呼ぶ**

かつては、この種子から菜種油を採るために、油菜と呼ばれるナノハナが盛んに栽培されていました。そのため、一面を黄色く染めた菜の花畑は、日本の早春の風物詩として、さまざまな詩歌に詠われています。桃の節句に桃の花と一緒に飾られることの多いナノハナは、チリメンハクサイなどを葉物野菜として食用にも利用し、旬の季節には、春を感じさせる野菜として食卓にのぼります。花言葉のとおり、明るく、快活な春を連想させる花です。

科・属名●アブラナ科アブラナ属
英名●Field mustard
和名●菜の花(ナノハナ)
出まわり期●12〜5月(最盛期は2〜3月)
日もち●3〜4日程度
カラー●黄、オレンジ

Arrange

1 かごの中に、水を張った器を置く。器はかごから大きく飛び出さない高さのものを。

2 器の高さの1.2倍くらいの長さに切る。

3 かごのふたを押さえにして、花を挿し込む。

科・属名●ナデシコ科ナデシコ属
英名●Pink
和名●河原撫子(カワラナデシコ)
出まわり期●5～6月
日もち●5日～1週間
カラー●ピンク、白

ナデシコ

大胆

※「大胆」よりも可愛らしい花

日本に自生するものをはじめ世界中に約300種が分布し、園芸品種も豊富です。「撫でたくなるほど可愛らしい」花の様子を子どもにたとえ、「撫でし子」の名がついたといわれています。夏から初秋に咲くことから古くは常夏(とこなつ)ともいい、『源氏物語(げんじものがたり)』の巻名の一つとなっています。日本女性の控えめな美しさを讃(たた)える言葉ともなっているヤマトナデシコの名は、同属の中国原産のナデシコであるセキチクと区別するためについたといわれています。

Arrange

1 デンファレは2本ほど用意し、細い茎を残して花を一つつ切り離す。

2 グラタン皿に水を張り、皿のふちにそって花を並べる。

3 花の間につぼみを3～4本置く。

科・属名●ラン科デンドロビウム属
英名●Dendrobium
和名●デンファレ
出まわり期●周年（最盛期は12月）
日もち●2〜4週間程度
カラー●赤〜ピンク、黄〜オレンジ、青〜紫、白、緑、茶など

テ

デンファレ

わがままな美女

※寒さに弱いランの花

デンファレは、学名のデンドロビウム・ファレノプシスの略で、ファレノプシスは、花の形が似ているコチョウランを指します。また、ランの中でももっとも種類が多く、1500以上の種が確認されているデンドロビウム属の一つです。属名は、「樹木」と「生命、生活」という意味のギリシャ語に由来し、この属が樹木に着生する性質を表しています。花言葉は、比較的寒さに強いものの多い属の中で、とても寒さに弱いことからきているようです。

Arrange

1 花とつぼみ、葉を切り分ける。

2 水を張った器に、葉を入れる。

3 葉を花留めにして、花やつぼみを挿す。つぼみを飛び出させると、動きが出る。

科・属名●ツバキ科ツバキ属
英名●Camellia
和名●椿(ツバキ)
出まわり期●12〜4月(最盛期は1〜2月)
日もち(一枝)●3日〜1週間程度
カラー●赤、白、ピンク

ツバキ

赤／控えめな素晴らしさ、白／完全なる美しさ

* 吉兆を表す日本の花

中国および日本に自生し、日本には特に美しい種が多いため、園芸品種の多くは、ヤブツバキとも呼ばれる日本の固有種カメリア・ヤポニカから分化したものです。『日本書紀(にほんしょき)』などに登場するほど古くから愛されてきたツバキは、木へんに春と書くように、かつてはサクラよりも春を代表する花として愛でられていたようで、招福・長寿・吉兆の花と考えられていました。花言葉の「控えめな素晴らしさ」は、花に香りがないことに由来するといわれています。

Arrange

1 花と葉に分ける。

2 水を張ったグラスに、一番大きな葉を挿し、葉先を器に入れる。

3 花と葉を挿し、さらに葉先を丸めた葉を挿して、花の向きを固定する。

チューリップ

思いやり
赤／愛の告白、黄／名声、白／失われた愛

＊王冠、剣、黄金をもつ花

オランダの、ある美しい少女が3人の騎士からそれぞれ家宝の王冠、剣、黄金を贈られ、プロポーズされますが、ひとりを選べず、花の女神・フローラに頼んで花に姿を変えてもらったという伝説があります。このため、チューリップの花は王冠を、葉は剣を、球根は黄金を表すといわれ、花言葉の由来ともなりました。17世紀のオランダでは、チューリップ・マニアと呼ばれる熱狂的なチューリップへの投資が恐慌を引き起こし、経済に大きな影響を与えました。

科・属名●ユリ科チューリップ属
英名●Tulip
和名●鬱金香（ウッコンコウ）
出まわり期●3〜5月（最盛期は4月）
日もち●5日程度
カラー●赤〜ピンク、黄〜オレンジ、青〜紫、白など

Arrange

1 ダリアは花と葉に分ける。器に水を張る。

2 花器の口に花がかけられるくらいの長さに切り、花器の内側に合わせて茎の先を斜めに切る。

3 葉は縦半分に折るようにもって、花から少し見えるくらいに挿す。

科・属名●キク科ダーリア属
英名●Garden dahlia
和名●天竺牡丹(テンジクボタン)
出まわり期●5〜7月、
9〜11月(最盛期は5〜6月)
日もち●2〜5日程度
カラー●赤〜ピンク、
黄〜オレンジ、白

ダリア

移ろい、気品

＊気品ある姿が収集家を魅了
18世紀にヨーロッパに種子がもち込まれて以来、多彩な色とともに直径2〜3cmのものから25cm以上になる大輪のものまで、さまざまな品種が生み出され、人気を集めています。ナポレオンの后・ジョセフィーヌもこの花を愛し、庭に珍しい品種を集めてはその美しさを独占していたといわれています。あるとき侍女が花を盗んで見事な花を咲かせたことを知り、それ以来ダリアへの興味を失ってしまったために、花言葉が「移ろい」となったのかもしれません。

科・属名●ヒユ科ゴンフレナ属
英名●Globe amaranth
和名●千日紅(センニチコウ)
出まわり期●7〜11月
日もち●5〜10日程度
カラー●紅紫、淡ピンク、白

センニチコウ

不朽、色あせぬ愛

※千日咲くという不朽の花

日もちがよく、サルスベリ(百日紅)より長く咲くことから、「一度咲くと千日間美しく咲き続ける」ともいわれ、この名があります。花言葉も、そんな特性を表したものとなっているようです。丸い花のように見えているのは苞の集まりで、苞のすき間にたくさんの小花があります。近年、切り花としての輸入も増えていますが、もともと江戸時代前期には渡来していたという歴史のある花です。乾燥に強く、色あせないため、ドライフラワーも人気があります。

スノーフレーク

純真な心、清らか

※夏でも「スノー」フレーク?

雪のように白く、可憐なその姿から、スノーフレークという名前がついたようです。「スノー」が冬を連想させますが、日本では春先に咲き、原産地のヨーロッパでは初夏から夏にかけて咲く種が自生しているため、サマー・スノーフレークの英名があります。花はスズランに、葉はスイセンに似ていることから、日本ではスズランスイセンの別名がありますが、芳香はまるでスミレのようです。花言葉は、清楚で可憐な花の姿からつけられたものでしょう。

科・属名●ヒガンバナ科レウコユム属
英名●Snowflake, Summer snowflake
和名●鈴蘭水仙(スズランスイセン)
出まわり期●4〜5月(最盛期は5月)
日もち●5日程度
カラー●白

スナップドラゴン

推定、うぬぼれ

※さまざまな「顔」をもつ花

属名は「鼻のような」という意味のギリシャ語に由来し、英名は竜が噛みついているところにたとえ、日本や中国では水中を泳ぐ金魚に、ドイツではライオンの口に……と、独特な花の形がさまざまなものになぞらえられています。ドイツでは、この花の匂いが邪気を祓うと信じられ、玄関や家畜小屋にぶら下げて魔除けにしたそうです。日本には江戸時代末期に渡来しましたが、一般に広まったのは昭和に入ってからで、さまざまな園芸品種が生まれています。

科・属名●ゴマノハグサ科 キンギョソウ属
英名●Common snapdragon, Garden snapdragon
和名●金魚草(キンギョソウ)
出まわり期●4〜6月、10〜11月(最盛期は5月)
日もち●1週間程度
カラー●白、黄〜オレンジ、紅〜紫

ストレリチア

強運、情熱

※花も葉も楽しめる極楽の花

南国原産らしく極彩色に彩られた花が、まさに極楽の鳥のような印象を与えることから極楽鳥花の和名をもち、英名でもBird of paradiseと呼ばれています。
ストレリチアの名は、イギリスのジョージ三世の后の家名であるメクレンブルグ・シュトレリッツにちなみ、学名のレギナエ(reginae)も「女王」や「王妃」の意味があります。日本へは明治時代に渡来し、長らく切り花として親しまれてきましたが、近年は観葉植物としても人気があります。

科・属名●バショウ科ストレリチア属
英名●Bird of paradise, Crane flower
和名●極楽鳥花(ゴクラクチョウカ)
出まわり期●周年(最盛期は10〜2月)
日もち●1〜2週間程度
カラー●黄〜オレンジ、青〜紫

ストック

普遍の美、愛の絆

※悲恋に死したお姫様の化身

栽培の歴史は古く、ギリシャ時代にはすでに薬草に使われていました。紫羅欄花という和名は、葉が毛でおおわれている様子がラセイタ（ポルトガル語で羅紗に似た布のこと）に似ていることから「葉ラセイタ」が変化したものといわれています。昔、お姫様が恋する敵国の王子に会うために、ロープで城を抜け出そうとしたところ、ロープが切れて亡くなり、彼女を哀れんだ神様によってこの花に変えられたというお話があり、花言葉にもなっているようです。

科・属名●アブラナ科マッティオラ属
英名●Stock, Common stock, Gilly flower
和名●紫羅欄花（アラセイトウ）
出まわり期●11〜5月
（最盛期は3月）
日もち●5〜10日程度
カラー●赤〜紫、白、青

科・属名●イソマツ科リモニウム属
英名●Sea lavender, Marsh rosemary
和名●花浜匙(ハナハマサジ)
出まわり期●周年(最盛期は5〜6月)
日もち●10日〜2週間程度
カラー●白、黄

スターチス

途絶えない記憶

※乾燥させても変わらぬ姿

ギリシャ語で「止める」という意味の*statizo*に由来する花の名は、下痢止めの薬効があることからつけられたといわれています。ただし、スターチスは旧属名で、現在はリモニウムが属名となっています。花のように見える部分は、実は萼が発達したもので、中央に小さくついている白や黄色の部分が本当の花です。乾燥させても色あせず、形も変わらないのでドライフラワーとしても人気があります。その変わらぬ姿が花言葉を連想させるのかもしれません。

スズラン

再び幸せが訪れる、謙虚、くもりのない純粋さ

※香り高い西洋の5月の花

ランに似た形の花が、鈴のように連なって咲く姿からこの名があります。学名はラテン語で「谷間のユリ」という意味をもち、英名でも同じく Lily of the valley と呼ばれています。日本にもキミカゲソウと呼ばれるスズランが北海道を中心に自生しますが、一般に出まわっているのはヨーロッパ原産で花が大きく、香りの高いドイツスズランです。ヨーロッパでは5月の花として愛され、フランスでは、5月1日の「スズランの日」にこの花を愛する人に贈ります。

科・属名●ユリ科スズラン属
英名●Lily of the valley
和名●鈴蘭(スズラン)
出まわり期●2〜7月
日もち●3〜5日程度
カラー●白、ピンク

スグリ

あなたの不機嫌が私を苦しめる

＊カシスで有名なクロスグリ

日本にはヤブサンザシ、エゾスグリなど8種が自生しており、栽培種ではクロスグリ（英名ブラックカラント、仏名カシス）やフサスグリが有名です。初夏に小さな釣鐘型の花を咲かせますが、緑や赤の小さな実が美しく、花よりも実を愛でることが多い植物です。実は熟すと赤または黒くなって酸味があり、ジャムやリキュールなどの食用にも用いられます。クロスグリの葉や茎の強烈な臭いは、好き嫌いが分かれるためについた花言葉かもしれません。

科・属名●ユキノシタ科スグリ属
英名●Red currant
和名●酸塊（スグリ）
出まわり期●6〜7月
日もち●2週間程度
カラー●緑、赤、黒、白（実）

Arrange

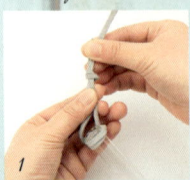

1 試験管の口に、フックにかけるためのひもを縛りつける。

2 試験管の2倍の長さに茎を切る。

3 壁にかけた試験管に、花を挿して、水を注ぐ。

科・属名●マツムシソウ科マツムシソウ属
英名●Egyptian rose, Pincushion flower
和名●西洋松虫草（セイヨウマツムシソウ）
出まわり期●6～10月
日もち●5日～1週間程度
カラー●青～紫

スカビオーサ

叶わぬ恋

＊華やかな西洋の松虫草

和名を西洋松虫草というように、日本にも自生する松虫草とは異なり、大輪の華やかな姿を誇ります。属名のスカビオーサは、ラテン語で「疥癬」を意味する scabies に由来し、皮膚病に効果があると信じられた仲間があることからきているといわれています。現在、一般に出まわっているのは、スカビオーサ・アトロパープレアやスカビオーサ・コーカシカの改良品種が主流です。花言葉は、ケンタウロスの娘・フィチアの悲しい恋の伝説が由来だそうです。

Arrange

1 花と葉に分ける。2枚の葉は重ねてキャンドルホルダーの穴に入るくらいの輪状にする。

2 キャンドルホルダーの穴に葉を入れて水を張り、葉の間に花を挿し込む。

3 残った葉を、花から飛び出るくらいの高さになるように挿す。

科・属名●ヒガンバナ科スイセン属
英名●Daffodil, narcissus
和名●日本水仙(ニホンスイセン)
出まわり期●10〜4月(最盛期は12〜4月)
日もち●3日〜1週間程度
カラー●黄、白

スイセン

うぬぼれ

※ 伝説とともに有名な花言葉

ギリシャ神話に登場する美少年・ナルキッソスは、復讐の女神・ネメシスの呪いによって、水面に映った自分自身に恋をする。しかし、その思いは叶わずに力尽きて死んでしまい、一本のスイセンとなった……という伝説をもとに、ナルシズム(自己愛)の語源ともなったナルキッソス。このナルキッソス(narcissus)は、ギリシャ語で「麻痺させる」という意味のナルケー(narke)が語源で、これは球根に催眠性のある成分が含まれているためだそうです。

Arrange

1
花を3本用意する。一番下の花が、器の口の上になるように茎を切る。

2
水を張った器に、リボンをかけて交差させる。

3
2のリボンでスイートピー3本をひと結びしてから、蝶結びにする。

科・属名●マメ科ラティルス属
英名●Sweet pea
和名●スイートピー
出まわり期●12〜5月
（最盛期は3〜4月）
日もち●5日程度
カラー●赤〜ピンク、
青〜紫、白

スイートピー

束の間の喜び、わずかな楽しみ

※蝶のように可憐な花

1650年にイタリアの神父・クパーニによって紹介された当初は花も小さく、花色も淡い紫だけだったそうです。19世紀後半に品種改良が盛んになり、今では1000種以上の栽培品種と豊富な花色が誕生したことで人気となりました。花には麝香（じゃこう）のような甘い香りがあるため、麝香連理草（じゃこうれんりそう）、匂い豌豆（においえんどう）といった別名もあります。一瞬のはかなさを表すような花言葉は、花の形が蝶が今にも飛び立つように見えることからついたのかもしれません。

Arrange

1. 花と葉は花器から出る大きさに、節で切り分ける。

2. 葉をひとつに束ねる。

3. 水を入れた花器に、束ねた葉を片側に寄せて挿す。その上にのせるように花を挿す。

科・属名●ボタン科ボタン属
英名●Chinese peony, Common garden peony
和名●芍薬(シャクヤク)
出まわり期●3〜6月(最盛期は5月)
日もち●4日〜1週間程度
カラー●赤〜ピンク、オレンジ〜黄、青〜紫、白

シ

シャクヤク

謙遜、恥じらい

＊艶やかに恥じらう花

古くから根に消炎・鎮痛などの効果があることが知られ、中国では紀元前の昔から薬草として栽培されていました。ローマ時代の『博物誌』にも、その万能薬ぶりが描かれており、属名や英名はギリシャ神話の医薬の神・ペオンにちなみ、彼はシャクヤクの根を使って冥界の王・プルートの傷を治したり、ゼウスの愛人・レトの陣痛をやわらげたりしたといわれます。華やかな姿からは少し意外な花言葉は、夕方には花を閉じてしまうことが由来のようです。

科・属名●キク科セネキオ属
英名●Cineraria, Florist's cineraria
和名●シネラリア
出まわり期●12〜4月（最盛期は3月）
日もち●10日程度
カラー●紅、紫、濃紫

シネラリア

陽気、いつも快活

＊色とりどりの元気な花

シネラリアの名は旧属名で、この花の白〜灰色の冠毛（かんもう）が老人の頭を連想させることから、ラテン語で「老人」を意味する senex に由来します。日本ではシネラリアの名が「死」を連想させることを嫌い、サイネリアと呼ばれることも多いようです。さまざまな園芸品種がありますが、中央に白い輪（蛇の目）が入る品種は日本でつくられました。

花言葉は、雨の日に色とりどりの傘の花を咲かせたような、元気な花の姿からきているようです。

科・属名●キク科ジニア(ヒャクニチソウ)属
英名●Common zinnia, Youth and old age
和名●百日草(ヒャクニチソウ)
出まわり期●5〜10月(最盛期は7〜10月)
日もち●5〜10日程度
カラー●赤〜ピンク、オレンジ〜黄、白、緑など

シ

ジニア

遠く離れた友を思う

＊**長い間楽しめるカラフルな花**

初夏から秋にかけて次々と新しい花を咲かせることから、百日草、長久草の名があります。この花のように、いつまでも美しい姿を保つところが、離れた友を思わせるのかもしれません。もとは一重咲きの目立たない花でしたが、19世紀にヨーロッパで進んだ品種改良により、現在では多くが八重咲きで、多彩な品種を誇っています。ジニアの名は、この花をメキシコからヨーロッパに紹介した植物学者ヨハン・ゴッドフリート・ジン(J.G. Xinn)の名にちなみます。

Arrange

1
細口のストローを、グラスの高さに合わせて切り揃え、器に詰めて水を張る。

2
花が左右につくところで、全体の長さを半分に切り分ける。

3
グラスに挿す。花が一か所にかたまらないように整える。

サンダーソニア

祈り、祖国への思い

✳細い茎の先につく黄色いベル

日本に輸入されたのは1973年という新しい花で、ベルの形をした花の形が人気となっています。原産地ではクリスマスの時期に咲くことから、クリスマスベルの別名をもちますが、花言葉もどことなくクリスマスを彷彿とさせるものとなっています。属名は、1851年に南アフリカのナタールでこの花を発見した入植者のジョン・サンダーソンの名にちなみます。葉の先端が巻きひげになっていて、近くのものに巻きついて生長します。

科・属名●ユリ科サンダーソニア属
英名●Christmas bells
和名●サンダーソニア
出まわり期●周年（最盛期は6〜10月）
日もち●5〜10日程度
カラー●黄、オレンジ

Arrange

1 先端に咲く花を、ショットグラスから花が出るくらいの長さに切る。

2 斜めに伸びている枝から咲く花も切り出す。1、2合わせて6〜8本以上切り分ける。

3 グラスに水を張り、等間隔に円形に並べる。隣りの器に花がかかるように挿す。

科・属名●バラ科サクラ属
英名●Japanese flowering cherry, Potomac cherry
和名●桜(サクラ)
出まわり期●3～4月(最盛期は4月)
日もち●5～10日程度
カラー●白～ピンク

サクラ

精神美、純正

※**日本人を魅了する春の花**

その名は、神話で「花のように美しい」と謳われた木花咲耶姫(このはなさくやひめ)のサクヤにちなむといわれるサクラの花。春にいっせいに花開き、わずかな間で散ってしまうこの花に、日本人は潔い「精神美」を見出し、古くから春の、そして日本の象徴として愛してきました。日本にはオオシマザクラ、ヤマザクラなど10種ほどが自生していますが、サクラの代表ともいえるソメイヨシノをはじめ、園芸品種の多くはオオシマザクラをもとにつくられたものです。

Arrange

1 コデマリは枝分かれしているところで切り分ける。枝を器の口に合わせて2本切る。

2 水を張った器に、十字に渡す。

3 2の枝に掛けるようにして、互い違いに挿していく。高低をつけるとバランスがよい。

科・属名●バラ科シモツケ属
英名●Reeves spirea, Bridal wreath, Spirea
和名●小手毬(コデマリ)
出まわり期●4〜5月(最盛期は4月)
日もち●1週間程度
カラー●白

コデマリ

優雅、上品

✳︎春を呼ぶ白く優雅な手鞠花(てまりばな)

小さな花が集まって咲く様子が小さな手鞠のように見えることから花名がありますが、花言葉もこの花の様子からつけられたようです。属名は、ギリシャ語の「らせん」「花輪」を意味する言葉に由来しており、これは、花をつけた枝が枝垂(しだ)れてゆるやかな弧を描くところからつけられたといわれています。この花より少し大きな花をつけ、同じく和名でテマリバナと呼ばれるものにオオデマリがありますが、オオデマリはスイカズラ科で、違う種です。

Arrange

1 花と葉を、グラスより5cmほど出るくらいの長さに切り分ける。花は小さなつぼみや葉を取り除く。

2 グラスに小枝を1〜2本入れ、水を張る。

3 葉を小枝にかけるように挿す。次に、花も小枝や葉にかけるようにして挿す。

コスモス

乙女の恋、純心、謙虚(けんきょ)、調和

✲宇宙と同じ名前の秋の桜

英語でcosmosは宇宙や調和という意味ですが、花の名もギリシャ語のkosmosに由来し、「調和」という花言葉もここからきているようです。kosmosにはもともと「美」や「飾り」の意味があり、コスモスと同じ属の花に美しいものが多いため、花名がつけられたといわれています。

花の形が桜に似ていることから秋桜(あきざくら)の和名をもつように、本来は秋に咲く遅咲きの花ですが、品種改良によって、現在は遅咲きと早咲きの2系統が栽培されています。

科・属名●キク科コスモス属
英名●Cosmos
和名●秋桜(アキザクラ)
出まわり期●4〜11月
(最盛期は7〜9月)
日もち●5〜10日程度
カラー●赤〜ピンク、
オレンジ〜黄、白

Arrange

1
花が器の口から出るくらいの長さに切る。

2
余分な葉は取り除いて、水を張った器に、花を入れる。

3
葉2〜3枚がついた茎を入れる。茎は隠れて、葉だけが見えるようにするとよい。

ケイトウ

風変わり、気取り

※風変わりな雄鶏のとさか

その名のとおり、雄鶏のとさかを思わせるケイトウ。中国では鶏の頭を意味する「鶏冠(チグァン)」、イギリスやフランス、ドイツなどでも「雄鶏のとさか」と呼ばれており、「風変わり」という花言葉も、そんな花の形によるものかもしれません。属名のCelosia(セロシア)は、ギリシャ語のkeleos(燃えた)にちなみ、もとは赤一色だったケイトウの燃えるような花の色からつけられました。花のように見える部分は茎が波状に変化したもので、花はその下にあります。

科・属名●ヒユ科ケイトウ属
英名●Cocks-comb, Woodflower
和名●鶏頭(ケイトウ)
出まわり期●5〜11月
日もち●5〜10日程度
カラー●赤〜ピンク、オレンジ〜黄、白

Arrange

1
同サイズの器を用意し、斜めに重ねる。下の器に水を張っておく。

2
花とつぼみに分けて器の高さの2倍に切り揃え、器の隙間と上の器に挿していく。

3
花とつぼみの位置が決まったら、上の器にも水を入れる。

グロリオサ

勇敢、栄光

※燃えるように華麗なユリ

黄色く縁取りされた赤い花びらが、波打つように反り返っている姿が特徴のグロリオサ。その名も、英語の glorious（栄光ある、見事な）の語源となったラテン語の gloriosus に由来し、それがそのまま花言葉にもなっています。半つる性で、葉の先端が巻きひげとなって登るように生長していくことから、Climbing lily の名をもつほか、花の姿から Flame lily（炎のユリ）とも呼ばれます。球根はヤマイモに似ていますが、食用にすると危険です。

科・属名●ユリ科グロリオサ属
英名●Climbing lily, Glory lily
和名●狐百合(キツネユリ)
出まわり期●周年(最盛期は7〜8月)
日もち●1週間程度
カラー●赤〜ピンク、オレンジ〜黄、褐色

科・属名●キンポウゲ科クレマティス属
英名●Leather flower, Traveler's joy
和名●風車(カザグルマ)、鉄線(テッセン)
出まわり期●3〜12月(最盛期は5月)
日もち●5日程度
カラー●赤〜ピンク、青〜紫、白

クレマチス

清廉(せいれん)な心、精神の美

＊女王は名前も品種も多彩

ギリシャ語でつるを意味し、「つる性植物の女王」とも呼ばれるクレマチス。世界中に分布することから、英語では「旅人の楽しみ」の名をもつほか、ヨーロッパでは「乙女の休息所」、イタリアでは「ごま塩ひげ」などさまざまな呼び名があります。日本にもいくつかの自生種があり、風車(かざぐるま)、鉄線(てっせん)などの和名をもちます。改良品種も多く、見た目もさまざまですが、花言葉はどんなに外見が変わってもあり続ける、真の美しさを説いているのかもしれません。

クリスマスローズ

不安をやわらげて、安心させて

※毒にも薬にもなる美しい花

かつて樹液の毒を狩猟に用いたことから、ギリシャ語の「殺す(helein)」と「食べ物(bora)」に由来するHelleborus（ヘレボルス）という属名があります。ギリシャでは、この花の香りが心を落ちつかせるとして薬草としても用いられており、花言葉もこれにちなむようです。伝説では、キリスト生誕の際、貧しい少女がお祝いの贈り物がなく涙すると、天使が舞い降りて雪の下に咲いているこの花を示し、少女はそれを摘んで聖母マリアに捧げたといわれています。

科・属名●キンポウゲ科ヘレボルス属
英名●Christmas rose, Lenten rose
和名●クリスマスローズ
出まわり期●12〜2月（最盛期は1月）
日もち●1週間程度
カラー●白、紫

Arrange

1. 花とつぼみ、葉に切り分ける。

2. 花器に水を張り、花とつぼみを挿して、位置を決める。

3. 葉は、花とつぼみの間に出るように入れると、バランスがよい。

科・属名●アヤメ科グラジオラス属
英名●Corn flag, Sword lily, Carden gladiolus
和名●唐菖蒲(トウショウブ)
出まわり期●4〜8月
(最盛期は7月)
日もち●3〜10日程度
カラー●赤〜ピンク、オレンジ〜黄、青〜紫、白、緑など

グラジオラス

挑発、密会

＊**大胆な花言葉の夏の花**
しなやかに伸びた葉の形が剣に似ていることから、ラテン語で剣を意味するgladiusにその名が由来するグラジオラス。gladiusには「闘いの準備ができた」という意味もあることから、「挑発」の花言葉があります。また、もう一つの花言葉である「密会」は、かつて人目を忍ぶ恋人たちが、花束や籠に入れるこの花の数で相手にデートの時間を知らせていたことに由来するそうです。夏咲きの花は大きく、花色が豊富なため、よく出回ります。

Arrange　ピンポンマムを使用

1 メッセージカードを用意する。

2 花が立てかけられるくらいの長さに切り、平皿に置いて水を張る。

3 葉を添えて、花びらにメッセージカードを差し込む。

科・属名●キク科キク属
英名●Florist's chrysanthemum, Mum
和名●家菊(イエギク)
出まわり期●周年(最盛期は5月)
日もち●1〜2週間程度
カラー●赤〜ピンク、オレンジ〜黄、緑、茶など

キク

逆境にいても快活
赤／愛しています、白／真実

※日本の象徴は薬草として伝来

サクラとともに日本を代表する花の一つで、もともとは中国から薬草として伝わりました。早くから観賞用の栽培も始まり、『枕草子』や『源氏物語』にも登場します。現在主流であるイエギクが日本へ渡来したのは奈良時代だといわれています。それ以来菊の紋様は、縁起のよい吉祥紋としてさまざまに使われてきました。そして鎌倉時代には、後鳥羽上皇により天皇と皇室を表す十六八重菊、いわゆる「菊の御紋」がつくられ、現在でも使用されています。

Arrange

1 花とつぼみを、枝分かれしているところで切り分ける。

2 水を張った器に、花を放射状に挿していく。

3 つぼみは、花より少し高くなるように挿すとバランスがよい。

カンパニュラ

感謝、謝辞

✳︎女神が贈った感謝の花

釣鐘のような花の形から、ラテン語で「鐘」を意味するcampanaに由来する名をもつカンパニュラ。日本では、同じくツリガネソウ、またはフウリンソウと呼ばれるカンパニュラ・メディウムと、花が漏斗状になったカンパニュラ・グロメラータが多く出まわっています。ギリシャ神話には、美の女神・アフロディテが失くした不思議な鏡と、それを拾った羊飼いの少年のエピソードがあり、少年への「感謝」を表す花としてカンパニュラが登場します。

科・属名●キキョウ科カンパヌラ属
英名●Canterbury bells
和名●風鈴草(フウリンソウ)
出まわり期●6〜9月
日もち●5日〜1週間程度
カラー●ピンク〜紫、青紫、白

Arrange　ミニカラーを使用

1 ブランデーグラスの円周（最も太い部分）の1.5倍くらいの長さで、茎を切る。

2 茎を少しずつ曲げて、しならせる。

3 茎の先が下になるようにして斜めに入れ、水を張る。

科・属名●サトイモ科ザンテデスキア属
英名●Calla lily, Calla, Lily of the nile
和名●和蘭海芋(オランダカイウ)
出まわり期●3〜7月(最盛期は6月)
日もち●1週間程度
カラー●白、黄、ピンク

カラー

華麗なる美

＊すっきりとした美しさが人気大きな花に見えるのは、中央にある黄色い棒状の花を保護する仏炎苞という萼の一種です。カラーの名は古い属名で、ギリシャ語で「美しい」という意味のcallaに由来するとも、萼の形が修道女の襟に似ているからともいわれています。白く高貴な姿は、この花言葉を連想させ、ブライダルブーケにも使用されます。日本には江戸時代にオランダから渡来し、サトイモ科で里芋にそっくりなため、「海を渡ってきた里芋」の意味から和蘭海芋の名があります。

Arrange

1 枝分かれしているところで切り分ける。

2 グラスに水を張り、1を2〜3本放射状に挿す。

3 残りは2を土台にして、仕上がりが丸くなるよう、枝分かれしている間に挿していく。

科・属名●ナデシコ科ギプソフィラ属
英名●Baby's breath
和名●霞草(カスミソウ)、宿根霞草(シュッコンカスミソウ)
出まわり期●5〜8月
(最盛期は6月)
日もち●4日〜1週間程度
カラー●白、ピンク

カスミソウ

無垢の愛、幸福

※花束には欠かせない名脇役

小さな花がたくさん集まって霞のように見えるカスミソウには、一重咲きの一年草タイプと八重咲きの多年草タイプ(宿根草)があり、切り花に使われているのはほとんど八重咲きのカスミソウです。属名は、ギリシャ語の「石灰、石膏」と「愛する」という意味の言葉に由来し、この属の花が石灰質の土を好むことからつけられました。

花言葉は、見る者に小さな「幸福」を感じさせてくれる花の姿から、つけられたのかもしれません。

Arrange

1
穴の開いたコースターを用意し、水を張った器にのせる。

2
茎を、器の高さの1.5〜2倍の長さに切る。

3
コースターの穴に挿して、花を固定する。

ガーベラ

感嘆

✳︎アフリカ生まれの多彩な花

カラフルな色が人気のガーベラですが、南アフリカで発見されてからまだ100年ほどの、とても新しい花です。属名は、発見者のドイツの自然科学者ゲルバーの名にちなみます。日本へは大正初期に渡来し、その姿から花車、アフリカ千本槍の別名もつきました。南アフリカ原産の種をもとに盛んな品種改良によって生まれた多彩な姿は、まさに「感嘆」もの。今では、花束などのアレンジの定番として、多くの人に親しまれている花です。

科・属名●キク科ガーベラ属
英名●African daisy, Transvaal daisy
和名●ガーベラ
出まわり期●周年
日もち●5〜10日程度
カラー●赤〜ピンク、黄〜オレンジ、白、緋紅など

Arrange スプレーカーネーションを使用

1 オアシスを四角くカットして水を吸わせて、花を挿す面を残してホイルで包む。

2 花とつぼみを8〜10cmの長さに切り揃えて、オアシスに挿す。

3 ペーパーナプキンで包み、リボンをかける。

カーネーション

無垢(むく)で深い愛
赤／母の愛、ピンク／女性の愛、白／純粋な愛

＊母に捧げる愛と感謝の象徴

古くは古代ギリシャの時代から人々に愛され、16世紀にイギリスで品種改良が始まるとさまざまな色が出現し、現在では赤やピンク以外にも、ほぼすべての色があるといわれています。母の日に贈る花として有名ですが、この習慣は、アメリカのアンナ・ジャービスという女性が、母の命日に亡母が好きだった白いカーネーションを教会で配ったことがはじまりという説が有力です。そんなことからも、親子の深い愛情を表すような花言葉となっているのでしょう。

科・属名●ナデシコ科ナデシコ属
英名●Carnation, Clove pink, Divine flower
和名●和蘭石竹(オランダセキチク)
出まわり期●周年(最盛期は3〜5月)
日もち●1週間〜10日程度
カラー●赤〜ピンク、黄〜オレンジ、薄紫、白

科・属名●ラン科オンシディウム属
英名●Dancing lady orchid
和名●群雀蘭(ムレスズメラン)
出まわり期●周年(最盛期は8〜12月)
日もち●10〜15日程度
カラー●赤〜ピンク、オレンジ〜黄、白

オ

オンシディウム

気立てのよさ

※蝶や雀が舞っているような蘭

長い茎に小さな花がたくさんついた様子が、蝶が舞うようにも、スカートを広げた女性が踊っているようにも見えることから、英名ではDancing lady orchidなどの名で呼ばれ、同じように群雀蘭の和名があります。花びらのつけ根にこぶのような隆起があるため、属名はギリシャ語で「こぶ」を意味するogkosからつけられました。日本への渡来は明治時代ですが、一般的になったのは1980年代に東南アジアから大量に輸入されるようになってからです。

21

科・属名●バラ科サクラ属
英名●Japanese apricot
和名●梅(ウメ)
出まわり期●1〜4月(最盛期は2月)
日もち(一枝)●3日〜1週間程度
カラー●赤〜ピンク、白

ウメ

不屈の精神、高潔

※無罪で流された主への言葉

『万葉集』にも詠われ、平安時代以前は「花」といえば梅のことを指すほど、日本人に愛されてきた花です。菅原道真が九州へ下る際、庭の梅との別れを惜しんで歌を詠むと、一夜にして梅が都から飛んできたという、太宰府天満宮の「飛梅伝説」も有名です。花言葉も無実の罪で流された道真のことを連想させるものとなっています。現在でも花や枝ぶりを愛でたり、実を食用に用いるなど、日本人の生活には欠かせない植物となっています。

Arrange

1 器に砂利（15mmくらいの細かいタイプ）を入れ、水を張る。

2 茎を、器の口径の2倍くらいの長さに切る。

3 斜めに挿して、茎を砂利で囲んで固定する。

科・属名●サトイモ科アンスリウム属
英名●Flamingo lily, Tail flower
和名●大紅団扇(オオベニウチワ)
出まわり期●周年(最盛期は6〜8月)
日もち●2週間程度
カラー●赤〜ピンク、オレンジ〜黄、白、緑など

アンスリウム

戯れの恋、情熱

＊赤いハートが情熱的な花

刺激的な赤と黄色が「情熱」的な「戯れの恋」を連想させるアンスリウム。花のように見えるハートの部分は、仏炎苞と呼ばれるサトイモ科特有の葉の一種で、本当の花は中央から尾のように突き出た部分に集まっています。このため、属名もギリシャ語の「花」と「尾」に由来し、英語でもTail flowerと呼ばれていますが、日本では赤い仏炎苞を団扇に見立てて、オオベニウチワの和名があります。鉢植え、切り花ともに人気があり、色も多彩です。

科・属名●ユリ科アルストレメリア亜科
アルストレメリア属
英名●Lily of the incas,
Peruvian lily
和名●アルストレメリア
出まわり期●周年（最盛期は5月）
日もち●5日〜1週間程度
カラー●ピンク〜赤、
　　　黄〜オレンジ、青〜紫、白、緑

アルストレメリア

献身、愛着

＊発見者の友の名をつけた花

1753年、植物学者カール・フォン・リンネにより発見されたこの花の属名は、彼の友人の植物学者アレストレーメルの名にちなみます。ユリ科とヒガンバナ科の性質を併せもつため、それぞれの科に分けられたこともありましたが、現在ではユリ科のアルストレメリア亜科となりました。日本で一般的になったのは、ヨーロッパで改良された品種が入ってきた1970年代以降です。日もちがいいため人気となり、ユリズイセンの別名もあります。

アマリリス

自尊心、内気、輝くばかりの美しさ

※昔の名で呼ばれる南国の花

古代ローマの詩人ウェルギリウスの詩に登場する、美しい羊飼いの娘の名にちなむアマリリス。17世紀末に発見された当初はアマリリス属とされていたため、今でもアマリリスの名で親しまれています。現在、本当のアマリリス属であるAmaryllis belladonnaは、ベラドンナ・リリーと呼ばれて区別されています。アマリリスの現在の属名のヒッペアストルムには「馬ほども大きくて、星のような花」という意味があり、まさに「輝くばかりの美しさ」を表します。

科・属名●ヒガンバナ科ヒッペアストルム属
英名●Amaryllis, Knight star lily
和名●アマリリス
出まわり期●5〜6月と10月
日もち●5〜10日程度
カラー●赤、ピンク、白、緑

Arrange

1
花器に水を張る。

2
葉が花器の口より少し上になるくらいの長さに切る。

3
花を挿す。花器の中に葉が入り込んだら、引き出して整える。

アネモネ

見捨てられた、見放された

※**美少年の血から生まれた花**

ギリシャ神話では、美の女神・アフロディテが愛した美少年・アドニスが、狩で猪に殺されたときに流れ出た血から生まれた花として伝えられています。属名はギリシャ語で「風」を意味するanemosに由来し、これは、早春の風が吹き始めないと花を開かないからとも、長い毛におおわれた種が風によって運ばれるから、ともいわれています。そのため、イギリスではWindflowerとも呼ばれています。大きな花びらのように見えるのは、実は萼(がく)です。

科・属名●キンポウゲ科アネモネ属
英名●Lily of the field, Windflower
和名●アネモネ
出まわり期●3〜5月(最盛期は4月)
日もち●4〜5日程度
カラー●赤、ピンク、青、紫、白

Arrange

1 花がれんげから出るくらいの長さに切る。

2 れんげに水を張る。

3 花をれんげに入れ、縁にかける。

科・属名●キク科カリステフス属
英名●China aster, Annual aster
和名●蝦夷菊(エゾギク)
出まわり期●6〜9月(最盛期は7〜8月)
日もち●1週間程度
カラー●赤〜ピンク、黄〜オレンジ、青〜紫、白

アスター

多種多様、追想

＊星のように咲くアスター

一般にアスター、もしくは蝦夷菊(えぞぎく)と呼ばれるこの花は、アスター属ではなく、近縁のカリステフス(エゾギク)属に属します。アスターの名はギリシャ語の「星」に由来し、花びらが放射状に開く様子からつけられました。1731年、神父のダンカルヴィルによってパリの植物園に種子が送られて以来、さまざまな品種改良が重ねられました。今では咲き方や花の大きさ、草丈もバラエティに富むために「多種多様」の花言葉があるようです。

Arrange

1 枝分かれしているところで1房切り取る。

2 水を張った皿にのせる。

3 きれいな萼(がく)を、数枚切り取って浮かべる。

科・属名●ユキノシタ科アジサイ属
英名●Hydrangea
和名●紫陽花(アジサイ)
出まわり期●2〜6月
日もち●5日程度
カラー●白、薄ピンク〜赤、青〜紫

アジサイ

冷酷、無情

※花に秘められたふたりの思い

江戸時代、長崎へやってきた医師・シーボルトが、オランダへ帰ってから著した『日本植物誌』のなかで、アジサイの学名に愛人の「お滝さん」の名前を「オタクサ」として残しました。花言葉は、娘をもうけながらも異国へ戻り、二度と逢うことの叶わぬ人へのお滝さんの思いだったのかもしれません。日本原産の花で、現在多く出まわっているセイヨウアジサイは、19世紀に日本から渡った野生のガクアジサイをヨーロッパで品種改良したものだそうです。

科・属名 ●キク科アザミ属
英名 ●Plumed thistle
和名 ●花薊（ハナアザミ）
出まわり期 ●3〜7月
日もち ●1週間程度
カラー ●薄ピンク〜赤、赤紫〜紫、白

アザミ

厳格、簡素、権威

＊国花にもなった権威ある花

トゲのある葉をもち、花名も、花を折ろうとするとトゲが刺さって驚きされる、興ざめする」という意味の古語「あざむ」からきているそうです。1263年、スコットランドに夜襲をかけたノルウェー軍の兵が暗闇でこの花を踏みつけ、叫び声を上げたためにスコットランドは敵の侵攻に気づき、戦いに勝利したことから、国花となりました。高貴な色の花を守るようにトゲにおおわれたその姿は、「厳格」「権威」という花言葉にぴったりです。

科・属名●アヤメ科アイリス属
英名●Dutch iris, German iris
和名●アイリス
出まわり期●5月
日もち●2〜3日程度
カラー●青、薄紫、紫、黄、オレンジ、白など

アイリス

燃える思い

✱虹の女神の名がついた花

アイリスの名はギリシャ語で「虹」を意味し、虹の女神・イリスに由来します。ヘラの侍女だったイリスは、ヘラの夫ゼウスから求愛され、困ってヘラに遠くへ行かせてくれるよう頼みます。するとヘラは、七色に輝く首飾りをイリスに与え、神酒（みき）を振りかけて虹に変えたとき、地上にこぼれた神酒がアイリスになったといわれています。球根性でアヤメやカキツバタによく似たダッチアイリスと、根茎性で花が豪華な印象のジャーマンアイリスがあります。

Part 1
花屋さんで買える人気の花の花言葉＆花飾り

過去にはヨーロッパの社交界で流行したといわれ、現在でも花を楽しむ際に欠かせない花言葉。そんな花言葉や花名の由来をここでは紹介しています。お花屋さんで手に入る花と、シンプルでおしゃれなアレンジを紹介していますから、ぜひ楽しんでみましょう。